Trapline Hütte

Caribou Narrows

Fish River

Lynx Lake

Poplar Point

Miriam Körner wanderte 2003 von Deutschland nach Kanada, in die Heimat ihres Herzens, aus. Sie lebt mit Mann und Schlittenhunden in der Provinz Saskatchewan und versucht, die fast vergessene Schlittenhundkultur der indigenen Bevölkerung im Norden Kanadas durch ihre Bücher zu bewahren.

Miriam Körner

WINTER DOGS

Aus dem Englischen von der Autorin

Oetinger Taschenbuch

Deutsche Erstausgabe
1. Auflage 2019
© Oetinger Taschenbuch im Verlag Friedrich Oetinger GmbH,
Poppenbütteler Chaussee 53, 22397 Hamburg
Alle Rechte vorbehalten
Originalausgabe: Yellow Dog © 2016, Miriam Körner,
published in Canada by Red Deer Press, 195 Allstate Parkway,
Markham, ON L3R4T8
© Text und Übersetzung: Miriam Körner
© Illustrationen: Miriam Körner
© Covergestaltung: Unimak
Satz: Datagroup-Int SRL, Timișoara
Druck und Bindung: GGP Media GmbH, Karl-Marx-Straße 24,
07381 Pößneck, Deutschland
978-3-8415-0585-9

www.oetinger-taschenbuch.de

Für Nico, der den echten Acimosis noch kennengelernt hat

KAPITEL 1

»Hey, Jeremy! Wetten, dass du dich nicht traust, den Hund da am Schwanz zu ziehen?« Justins Grinsen lässt keinen Zweifel zu: Er denkt, ich würde es nicht tun. Um ehrlich zu sein, will ich es auch gar nicht. Nicht, weil ich Angst habe. Obwohl der Hund schon recht groß ist. Sein sandfarbenes Fell ist zerzaust, und er sieht nicht gerade freundlich aus. Dass Justins kleiner Bruder vor ein paar Tagen von einem Streuner gebissen wurde, der nicht mal halb so gefährlich aussah wie der hier, hilft auch nicht besonders. Wäre sein Fell grau und nicht sandfarben, könnte man ihn glatt mit einem Wolf verwechseln.

»Na mach schon, Jeremy, oder glaubst du, ich will den ganzen Tag hier rumstehen?«

Justin tut so, als ob er das Interesse verloren hätte. Er schlendert die Schotterstraße entlang, als sei ich nicht mehr da. Und trotzdem fühlt es sich so an, als ob sein Blick mich immer noch durchbohrt, scharf wie die Spitze eines Messers.

Ich versteh einfach nicht, was Justin für ein Problem mit Hunden hat. Zugegeben, ein paar Steine nach den Streunern werfen, das haben wir alle schon mal gemacht. Aber irgendwas hat sich in letzter Zeit verändert. Ich weiß nicht, ob Justin gemeiner geworden ist oder ob es mir einfach keinen Spaß mehr macht, die Köter zu ärgern. Aber es macht schon einen Unterschied, ob man einen Hund aus der Ferne mit einem Stein trifft und der Hund in die Luft beißt, ohne zu wissen, was ihn eigent-

9

lich getroffen hat oder ob man einen am Schwanz zieht, und der Hund ganz genau weiß, dass du es warst …

Ich schiebe den Gedanken schnell beiseite und quetsche mich durch den Lattenzaun. Der Zottelhund schläft auf der halb verfallenen Treppe vor der Haustür. Meine Güte, ist das Haus verwahrlost. Ich meine, keines der Häuser in Poplar Point würde jemals auf der Titelseite von »Schöner Wohnen« erscheinen oder in irgendeiner der anderen Zeitschriften, die meine Mutter liest. Keine Ahnung, warum sie die überhaupt kauft, aber darum geht's nicht. Was ich sagen will: Dieses Haus sieht so richtig alt aus. Die Fenster sind entweder zugenagelt oder mit Plastikfolie abgedeckt. Die meisten Häuser in der Gegend haben bunte Vinylfassaden, aber dieses hier ist aus Holz gebaut. Die Baumstämme der Blockhütte sind grau und verwittert, so wie das Treibholz, das im Sommer immer an den Strand gespült wird.

Ich versuche, mich an den Hund anzuschleichen. Keine Chance. Sobald ich in seine Nähe komme, macht er die Augen auf. Er steht auf. Langsam und bedächtig. Und dann starrt er mich an. Der Blick aus seinen dunklen Augen geht durch mich hindurch, so als ob er versucht herauszufinden, wer der Schwächere ist; wer das Raubtier und wer die Beute ist. Ich hebe ein paar Steine auf – man weiß ja nie. Doch dann passiert etwas Merkwürdiges: Der Hund wedelt zaghaft mit dem Schwanz. Warum denn das?

Ich merke, wie sich meine Muskeln anspannen. Schnell weg, bevor er mich angreift, denke ich. Aber der Hund wirft sich auf den Rücken wie ein Welpe, der am Bauch gekrault werden will. Ich gehe in die Hocke und strecke meine Hand aus. Ist doch viel einfacher, als ich dachte. Jetzt nur schnell am Schwanz ziehen, und dann nix wie weg. Der Zottelhund sieht mich mit seinen großen, braunen Augen an, und ich bringe es nicht über mich. Ich streichle vorsichtig seinen Bauch und werfe einen Blick über meine Schulter. Justin beobachtet mich vom Zaun aus.

»Tut mir echt leid«, flüstere ich dem Hund zu und zieh ihn am Schwanz. Der Hund jault auf, als ob er in ein Wespennest getreten wäre. Er rappelt sich auf und versucht, in seinen eigenen Schwanz zu beißen. Enger und enger dreht er sich im Kreis; sein Schwanz hängt leblos zwischen seinen Hinterbeinen. Ich beiße mir auf die Lippe. So stark habe ich doch gar nicht gezogen, oder?

Ich höre Justins Lachen von der anderen Seite des Zaunes. Es hört sich weit weg an, so, wie wenn man gerade aus einem Traum aufwacht. Nur, dass das hier kein Traum ist.

»Mann, ich dachte schon, du wärst zu feige.« Justin gibt mir einen freundschaftlichen Klaps auf den Rücken und grinst mich an, so wie er es immer tut, wenn ich mich seiner Freundschaft würdig erweise. Aber heute macht es mich nicht stolz. Im Gegenteil.

»Sag mal, du heulst doch nicht etwa?« Justins Stimme ist voller Verachtung. »Ich glaub's ja nicht.«

»Red' keinen Quatsch! Hab bloß Staub im Auge.« Ich schubse Justin aus dem Weg und geh davon. Das Jaulen des Hundes hallt noch immer in meinen Ohren.

KAPITEL 2

Seit letzter Nacht schneit es in dichten, weißen Flocken, und Poplar Point verwandelt sich in eine Märchenlandschaft. Selbst die Schule sieht freundlicher aus mit den großen, verschneiten Fichten hinter dem Spielplatz. Es ist erst November, aber die Sonne ist schon nah am Horizont, wenn die Schule endlich aus ist. Der Schnee knirscht unter meinen Füßen, und kalte, frische Luft füllt meine Lungen.

»Autsch!« Ein Schneeball trifft mich am Hinterkopf und reißt mich aus meinen Gedanken.

»Hey, Jeremy, warum hast du es denn so eilig?« Justin.

Ich bin ihm in der Schule aus dem Weg gegangen, und auch jetzt habe ich keine Lust, mit ihm zu reden.

»Haste Bock, heute Abend Xbox bei mir zu spielen? Mein Cousin kommt auch.«

»Okay«, sage ich, obwohl ich schon weiß, dass ich nicht hingehen werde. Zumindest nicht heute.

»Bis später dann.« Justin winkt mir zu, aber ich winke nicht zurück.

Erst als ich bei unserem Haus ankomme, drehe ich mich um. Justin ist längst nicht mehr da. Gut. Ich gehe weiter, bis ich bei dem Hügel am Ende von Poplar Point ankomme.

Der Hund schläft auf schmutzigen Decken in einer umgekippten Regentonne. Rauch steigt aus dem Schornstein der alten Hütte. Wer hier wohl wohnt? Schon komisch, dass mir das Haus bis gestern noch nie aufgefallen ist. Die Hütte steht zwar ein bisschen abseits und schon fast im Wald, aber so groß ist Poplar Point ja nun auch wieder nicht.

Mir ist ein bisschen mulmig dabei zumute, einfach in den Hof von einem Fremden zu gehen, aber der Gedanke an den Hund lässt mir einfach keine Ruhe.

So leise, wie es geht, quetsche ich mich durch den Zaun. Der Hund kriecht tiefer in die Regentonne und knurrt mich an. Mein Magen krampft sich zusammen. Klar, ich hatte nicht erwartet, dass er überglücklich wäre, mich zu sehen, aber dass er solche Angst vor mir hat … Ich wollte ihm wirklich nicht wehtun. Ehrlich. Ich wünsche mir, er wüsste das.

»Na komm. Ist schon okay«, sage ich beruhigend und mache einen Schritt näher heran. Das Knurren wird lauter, ich ziehe mich zurück. Was, wenn er sich jetzt an mir rächt? Ich stell mir vor, wie seine Reißzähne sich in mein Fleisch bohren, aber dann dränge ich den Gedanken schnell beiseite.

»Es tut mir echt leid, okay? Ich werde das nie wieder tun. Versprochen. Egal, was Justin sagt.« Ich weiß, dass er mich nicht versteht, aber irgendwie hilft es mir, mit ihm zu reden. Als ob ich mir selbst das Versprechen geben würde.

Ich krame in meiner Schultasche herum, bis ich mein Sandwich finde, und strecke es ganz langsam dem Hund entgegen. Er hört auf zu knurren, aber er nimmt das Sandwich nicht aus meiner Hand. Ich lege es vorsichtig vor ihn hin. Er rührt es nicht an. Mist. Jetzt liegt es im Dreck. Ich fühl mich noch schlechter. Weil es nämlich Justins Hälfte ist, die jetzt im Dreck liegt.

Justin macht sich immer darüber lustig, dass meine Mutter mir immer noch Pausenbrote macht, obwohl ich schon dreizehn bin. Trotzdem sagt er nie Nein, wenn ich ihm die Hälfte anbiete. Ich bin mir nicht sicher, aber ich glaube nicht, dass seine Mutter ihm jemals Sandwiches gemacht hat. Jedenfalls nicht seitdem wir Freunde sind, und das sind wir schon ewig.

»Was gibt's heute zum Mittag?«, hat Justin mich in der gro-ßen Pause gefragt. Ich habe ihm gesagt, ich hätte mein Mittages-sen zu Hause vergessen. Ich wollte das ganze Sandwich für den Hund aufheben, aber dann hatte ich so einen Hunger, dass ich heimlich die Hälfte auf der Toilette gegessen habe.

»Ich hab so einen Kohldampf, dass ich 'nen ganzen Elch verdrücken könnte«, hat Justin gewitzelt, als ich vom Klo wie-derkam. Ich konnte ihm nicht in die Augen sehen, also habe ich stattdessen auf meine Füße gestarrt. Ein Ketchupfleck von meinem Elchfleisch-Sandwich war auf meinem Stiefel.

Ich kann ein Seufzen nicht unterdrücken. »Ich hab's extra für dich aufbewahrt«, erkläre ich dem Hund und schiebe das Sand-wich tiefer in die Tonne. Der Hund drückt sich in die hinterste Ecke. Sein Atem ist flach und schnell. Zu schnell. Er zittert am ganzen Körper. Ich geh ein paar Schritte zurück, und er ent-spannt sich ein bisschen.

»Hab keine Angst«, sage ich und gehe noch ein paar Schritte mehr zurück.

Der Hund schnüffelt an dem Sandwich, dann pickt er vor-sichtig das Fleisch heraus. Die meisten Hunde, die hier rumlau-fen, hätten alles in einem Biss verschlungen: Fleisch, Brot *und* meine Hand. Wer auch immer in der Hütte wohnt, kümmert sich anscheinend um den Hund. Ich habe ihn auch noch nie mit den anderen Straßenkötern gesehen, obwohl er nicht angebunden ist.

Das mit den frei laufenden Hunden ist echt ein Problem. Ganze Hundebanden rennen hinter läufigen Hündinnen her, kämpfen um Essensreste und jagen den kleinen Kindern Angst ein. Aber Zottelhund gehört nicht dazu.

Ich setze mich vor die Regentonne und rede sanft mit dem Hund. Es dauert eine Weile, aber dann streckt er den Kopf hervor und schnüffelt vorsichtig an meiner Hand. Als ich versuche, ihn zu streicheln, duckt er sich und knurrt leise. Trotzdem bin ich glücklich. Das Sandwich war doch eine gute Investition.

»Bis demnächst«, sage ich und überrasche mich damit selbst. Ich hatte nicht vor, wiederzukommen, aber versprochen ist versprochen.

Meine Mutter ist schon von der Arbeit zurück, als ich zu Hause ankomme. Ich muss mehr Zeit bei dem Hund verbracht haben, als ich dachte.

»Wie war es in der Schule, Jeremy?«

»Gut.« Gleiche Frage, gleiche Antwort. Jeden Tag. Ich mach mich auf den Weg in mein Zimmer.

»Justin war gerade hier und wollte wissen, wo du bist.« Mom guckt mich an, als ob es *ihre* Frage wäre und nicht Justins. Ich weiß nicht, was ich sagen soll. Ich will ihr nichts von dem Streit mit Justin erzählen. Ich weiß ja noch nicht mal, ob wir wirklich streiten. Und von dem Hund will ich erst recht nichts erzählen. Wie denn auch? *Ach, ich habe nur mal eben das Sandwich, das du heute Morgen für mich gemacht hast, an einen zotteligen Hund verfüttert, der aller Wahrscheinlichkeit nach nie mehr mit dem Schwanz wedeln wird.* Irgendwie glaube ich nicht, dass sie das so einfach ohne weitere Fragen hinnehmen würde. Aber ich will sie auch nicht anlügen.

»Ach, so was«, fange ich an, und plötzlich rutscht es so schnell aus mir heraus, dass ich selbst fast glaube, es sei die Wahrheit, »ich war gerade bei Justin und habe nach ihm gesucht.«

»Dann musst du ihn ja auf dem Weg getroffen haben?«

Oh, oh. Kaum mit dem Lügen angefangen, und schon muss man sich noch mehr Lügen ausdenken, um die erste nicht auffliegen zu lassen. Oder besser nachdenken. Oder noch besser: lieber nicht lügen.

»Jep, ich hab ihn getroffen. Wollte nur schnell noch ein Sandwich machen. Haben wir noch Elchfleisch? Das Sandwich von heute Morgen war echt lecker.«

Mom holt Margarine und Fleisch aus dem Kühlschrank, und ich mache mir hastig ein Sandwich.

»Iss nicht so viel vor dem Abendbrot. Ich habe Eintopf und Bannock gemacht.«

Na klar. Heute ist Freitag. Mom hat freitags immer früher frei, und dann kocht sie für die ganze Woche. Eintöpfe, Suppen und andere Sachen, die die ganze Woche über halten. Wenn es doch nicht reicht, dann gibt's Fertiggerichte und KFC.

»Warte nicht auf mich, kann später werden«, rufe ich, als ich schon in der Tür stehe mit meinem Sandwich in der Hand.

»Komm nicht zu spät, okay?«

Es ist mehr eine Bitte als ein Befehl. Meine Mutter lässt mich machen, was ich will. Vielleicht, weil ich keinen Vater habe. Er ist bei einem Unfall ums Leben gekommen, kurz vor meinem dritten Geburtstag. Ich kann mich nicht an ihn erinnern, und Mom redet nie über ihn.

Oder vielleicht vertraut sie mir einfach. Ich fühl einen plötzlichen Stich ungefähr da, wo mein Herz sein sollte. Ich hätte sie nicht anlügen sollen. Ich wollte einfach nur … Ach, ich weiß auch nicht. Ich wollte mich einfach nicht rechtfertigen müssen. Noch weniger allerdings wollte ich Justin sehen.

Justin sitzt draußen auf den Holzstufen vor seinem Haus. Obwohl es kalt und schon fast dunkel ist, sitzt er ohne Handschuhe da und schießt lustlos mit seiner Schleuder auf die Raben. Der Müllwagen muss mal wieder kaputt sein. Die Tonnen quellen über, und der Abfall liegt überall auf der Straße. Ein Paradies für Raben und streunende Hunde.

Justins Haus ist genauso groß wie unseres – drei Schlafzimmer, winzige Küche, noch kleineres Wohnzimmer, aber bei Justin wohnen ständig irgendwelche Verwandte, und ich kann noch nicht mal sagen, ob die Windeln, die die Raben zerfetzen, zu seinem kleinen Bruder, seiner Cousine oder zu seinem Neffen gehören. Ist schon komisch, sich Justin als Onkel vorzustellen. Wie er da so zusammengesunken sitzt und halbherzig auf die Raben zielt, sieht er viel jünger aus als vierzehn. Plötzlich muss ich an den Hund denken, nachdem ich ihn am Schwanz gezogen hatte. Er sah so betrogen aus, so verletzt, verängstigt. Am liebsten würde ich weglaufen, bevor Justin mich bemerkt. Aber ich kann ihm ja nicht für immer aus dem Weg gehen.

»Wie viele hast du gekriegt?«, frage ich ihn, nur um überhaupt was zu sagen.

Justin springt auf, als er mich sieht. Er richtet sich auf; sein Blick wird hart wie seine Stimme.

»Wovon redest du?«, fährt er mich an und reibt sich die gerötete Wange.

»Raben.« Ich nicke zu zweien hinüber, die sich um eine labberige Pommes streiten. »Wie viele hast du getroffen?«

»Ach so«, sagt Justin lässig. »Habe nicht gezählt.« Er steckt seine Schleuder in die Hosentasche.

»Lass uns reingehen und Xbox spielen«, schlage ich vor.

»Nee, lass uns lieber draußen bleiben.«

Wie auf Kommando höre ich, wie zwei Erwachsene sich drinnen anschreien. In Situationen wie dieser bin ich fast froh, nur einen Elternteil zu haben.

»Lass uns abhauen.« Justin ist schon auf dem Weg zur Straße. Als wir an der Ostseite vom Haus vorbeikommen, sehe ich, dass sein Schlafzimmerfenster zerbrochen ist.

»Was ist denn da ...?«

»Nix«, Justin unterbricht mich, bevor ich die Frage zu Ende gestellt habe.

Ich habe keine Ahnung, was ich sagen soll, also krame ich mein Sandwich aus der Tasche und reiche es Justin. »Hier.«

»Nee, danke«, Justin schüttelt den Kopf.

»Ich habe nach einem Elch Ausschau gehalten, aber alles, was ich gefunden habe, war dieses alte Brot, das ich heute Morgen vergessen habe.« Ich breche das Sandwich in zwei Hälften, und Justin nimmt sich eine.

»Selbst wenn du den Elch gefunden hättest, hätte dir das nichts genützt«, grinst Justin zwischen zwei Bissen. »Du warst schon immer ein lausiger Jäger.«

»Wer muss denn heute noch jagen gehen«, gebe ich zurück. »Wir haben doch KFC.«

Justin verdreht die Augen, aber er lacht dabei, und es ist fast so wie vor der Sache mit dem Hund. Fast.

Wir gehen zum Schulhof. Nicht, weil da was los wäre, sondern einfach, weil uns nichts Besseres einfällt. Wäre es Sommer, dann würden wir alle mit unseren Skateboards hier rumhängen, Tricks üben und – in Justins Fall – versuchen, die Mädels zu beeindrucken. Im Winter passiert hier gar nichts.

Die einzigen anderen Lebewesen außer uns sind zwei Hunde, die gerade dabei sind, Welpen zu produzieren. Als ich zum ersten Mal zwei Hunde dabei gesehen habe, dachte ich, jemand hätte die Schwänze der Hunde zusammengebunden, weil sie Hinterteil an Hinterteil wie erstarrt standen. Ich kann mich noch gut daran erinnern, wie Justin mir eine Lektion in Sexualkunde erteilt hat. Zuerst hat er mich über die Hunde aufgeklärt, dann folgte Menschenkunde. Ich hatte das Gefühl, er war besser über das Hundeleben informiert. Ich merke, wie ich plötzlich rot werde. Gut, dass es beinahe dunkel ist.

Plötzlich durchdringt ein ohrenbetäubendes Jaulen die Stille der Dämmerung. Die Hündin knurrt und beißt in die Luft, aber sie kann sich nicht von dem Rüden losreißen. Wie wild schnappt sie nach ihrem eigenen Hinterteil, aber sie hat keine Wahl, als abzuwarten, bis die Paarung vorbei ist. Ich frage mich, ob ich zu ihr gehen kann und versuchen soll, sie zu beruhigen. Dann wird mir auf einmal klar, warum sie in die Luft schnappt: Justin schießt mit seiner Schleuder Steine auf die Hunde.

»STOPP! STOPP! STOPP!« Meine Stimme hört sich fremd an. Zu hoch, zu unkontrolliert. »Du tust ihr weh! Sie kann doch nicht weg!«

Justin lacht bitter und legt einen neuen Stein in die Schleuder. »Geschieht euch recht, ihr Köter. Das ist das Letzte, was wir hier gebrauchen können. Noch mehr Streuner, die kleine Jungen beißen.« Justin Stimme ist scharf und kalt und hört sich plötzlich viel älter an. Er geht zu den Weidenbüschen, die das Schulgelände umwachsen, und bricht einen fingerdicken Stock ab.

»Hör auf! Lass sie in Ruhe!« Ich hämmere mit meinen Fäusten auf Justins Rücken ein. Nicht, weil ich scharf auf eine Schlägerei bin, ganz im Gegenteil. Ich weiß einfach nicht, was ich tun soll. Justin dreht sich um und wirft mich in den Schnee. Ich wehre mich nicht. Als Justin mich loslässt, sind die Hunde verschwunden. Wir verlassen den Schulhof in entgegengesetzte Richtungen.

Ich versuche, nicht an Justin zu denken. Aber je mehr Mühe ich mir gebe, desto weniger klappt es. Es ist Wochenende, und ich kann mich an kein Wochenende erinnern, dass ich nicht mit Justin verbracht habe. Manchmal schleppt er seinen kleinen Bruder Isaac mit sich rum. Isaac ist erst fünf und eine echte Nervensäge, aber Justin ist richtig stolz auf ihn. Niemand darf Isaac piesacken, nur Justin selbst.

Justin hat mir das Schwimmen beigebracht, am Strand direkt neben der alten Holzkirche. Ich habe meinen ersten Fisch mit Justin vom Boot seines Vaters aus gefangen. Da war ich neun. Jetzt hört sich das alles nicht mehr so toll an, aber damals war es schon eine große Sache. Irgendwie vermisse ich ihn, obwohl es erst gestern war, dass wir uns zerstritten haben und ich richtig, richtig sauer auf ihn bin. Ich verstehe immer noch nicht, was gestern genau passiert ist. Es war, als ob er plötzlich nicht mehr er selbst war.

Dass er auf Raben schießt, kann ich ihm ja noch verzeihen. Das haben wir doch alle irgendwann mal gemacht. Beim ersten Mal, als ich gut genug zielen konnte, um auch zu treffen, habe ich ein Eichhörnchen getötet. Ich kann mich noch immer an seine kleinen, traurig-schwarzen Augen erinnern. So hübsch und so tot. Justin hat sich über mich lustig gemacht und mich Prinzessin genannt, weil ich das Eichhörnchen unter einer Birke beerdigt und ein kleines Holzkreuz für das Grab gebastelt habe. Einen Tag später habe ich einen Hund mit einem Eichhörnchen im Maul gesehen; sein Fell war ganz verschmutzt mit Dreck und Blut. Vielleicht war es ja nur Zufall und es war ein anderes Eichhörnchen, aber danach habe ich nie mehr versucht, Eichhörnchen oder Raben zu treffen.

Justin ist anders. Ich versteh schon, dass nicht jeder Hunde mag. Und einige sind ja auch wirklich fies, wie der, der Isaac gebissen hat. Aber gestern Abend, da war etwas mit Justin, das mir Angst eingejagt hat. Ich hätte niemals gedacht, dass er wirklich jemanden verletzen könnte. Seit gestern bin ich mir nicht mehr so sicher. Es war, als ob er noch nicht mal realisiert hat, dass es ein Hund war. Es hätte was auch immer sein können – oder wer auch immer. Und trotzdem: Irgendwie tat er mir leid. Er sah nicht so aus, als ob er Spaß dabei hatte. Es war eher so, als ob er es tun *musste*. Ich weiß auch nicht, wie ich es erklären soll.

Auf einmal muss ich an die Hündin denken und wie sie blindlings um sich gebissen hat, wegen der Schmerzen tief im Inneren, die sie sich nicht erklären und die sie nicht stoppen konnte.

KAPITEL 3

Zottelhund ist nicht in seiner Regentonne. Ich komme mir ein bisschen blöd vor, wie ich so da stehe mit einer Wurst in meiner Hand. Was, wenn der Besitzer mich jetzt sieht? Ich werfe einen flüchtigen Blick zum Eingang des alten Hauses. Neben der Tür ist ein Holzklotz mit einer rostigen Axt. Im Schnee liegt frisch gespaltenes Feuerholz. Aber es ist niemand zu sehen.

Ich will mich gerade wieder auf den Nachhauseweg machen, als ich etwas Kaltes und Nasses gegen meine Hand stupsen fühle. Ich stehe ganz still und lass mich von dem Hund beschnüffeln. Ganz vorsichtig öffne ich meine Hand, und der Zottelhund nimmt sich die Wurst. Er marschiert aus meiner Reichweite, und dann verschlingt er seine Leckerei.

Ich schnappe nach Luft. Mir war gar nicht aufgefallen, dass ich den Atem angehalten hatte. Ich sehe ihm beim Fressen zu, und auch er lässt mich nicht aus den Augen.

»Hey Kumpel«, spreche ich ihn an und knie mich in den Schnee.

Zottelhund kommt langsam auf mich zu. Sein ganzes Hinterteil wackelt; nur sein Schwanz hängt immer noch leblos zwischen seinen Beinen. Ich strecke meine Hand aus und versuche, ihn zu streicheln, aber er duckt sich und zieht sich zurück.

»Mach dir keine Sorgen«, beruhige ich ihn. »Wird schon alles wieder gut.« Warum erzähl ich denn so einen Quatsch? Gar nichts ist gut. Weder mit Justin noch mit Zottelhunds Schwanz.

Und trotzdem, wie ich so mit dem Hund rede, fühlt es sich an, als ob es stimmen würde, als ob alles wieder in Ordnung wäre – zumindest für einen kurzen Moment.

Der Hund schnüffelt an meiner Hand, und dann leckt er sie. Seine Zunge fühlt sich rau und kitzelig an, aber ich mag es trotzdem.

»Freunde?«, frage ich und kraule ihn vorsichtig unter dem Kinn. Sein Fell ist struppig und schmierig, doch das stört mich gar nicht. Zum ersten Mal seit Tagen fühle ich mich besser.

»Er ist ein ganz besonderer Hund, der da.«

Ich zucke zusammen. Ich habe niemanden kommen gehört, aber jetzt sitzt ein alter Mann auf den morschen Treppenstufen und beobachtet mich. Als Zottelhund die Stimme des alten Mannes hört, läuft er zu ihm hinüber. Der alte Mann streichelt ihn mit alterssteifen Händen. Er ist besonders behutsam nahe des Schwanzes, der noch immer reglos herunterhängt. Weiß er, was ich getan habe? Am liebsten würde ich einfach davonlaufen, aber wenn ich das jetzt tue, dann gibt es kein Zurück, und ich könnte Zottelhund nicht mehr sehen.

»Ihr Hund ist wirklich toll, Sir«, sage ich und komm mir gleich darauf ziemlich dumm vor, weil mir nichts Besseres eingefallen ist. Ich weiß auch gar nicht, warum mir das »Sir« herausgerutscht ist. Justins Cousin sagt es, wenn er nach der Schule bei *Andy's Tankstelle* arbeitet. »Vielen Dank, Sir. Schönen Abend noch.« Wenn er es sagt, hört es sich cool an, wie in einem alten Film oder so. Aber hier passt es gar nicht. Der alte Mann sieht mich mit seinen braunen Augen durchdringend an. Sein Gesicht ist faltig und dunkelhäutig. Er könnte einer der Cree Elders sein, die immer zu uns in die Schule kommen, um uns traditionelles Wissen, das von Generation zu Generation weitervererbt wird, beizubringen. Die Elders wollen, dass wir sie *moshōm* oder *kohkom* nennen, Cree für Großvater oder Großmutter, aber ich tue mich immer schwer damit. Vielleicht, weil ich nie eigene Großeltern hatte. Unsere Lehrer nennen wir Mr Ratt oder Ms Charles oder wie auch immer sie heißen, aber ich kenne den Namen des alten Mannes nicht, und ich weiß auch nicht, wie ich ihn danach fragen soll. Also zeig ich auf Zottelhund, der es sich neben den Füßen des Alten bequem gemacht hat.

»Wie heißt er denn?«

»Acimosis.«

Die Ohren des Hundes stellen sich auf, als er seinen Namen hört, und sein Hinterteil wackelt.

»Acimosis?«, frage ich erstaunt. Ich spreche kein Cree, nur die paar Vokabeln, die ich im Cree-Kulturunterricht gelernt habe und das eine oder andere Wort, das ich von Justins *kohkom* aufgeschnappt habe. Trotzdem bin ich mir ziemlich sicher, dass Acimosis »Welpe« heißt. Zottelhund ist aber nicht gerade das, was ich »Welpe« nennen würde. Das Fell um seine Schnauze ist mindestens so grau wie das Haar des Alten.

Ich will den alten Mann fragen, ob ich wiederkommen kann, um Acimosis zu besuchen, aber ich will nicht unhöflich erscheinen oder mich noch weiter blamieren. Als ich gerade beschlossen habe, zu gehen, kommt Zottelhund – ich meine Acimosis – und lehnt sich gegen meine Beine. Ich grabe meine Hände in sein langes Fell.

»Acimosis. So heißt du also. Und was macht dich so besonders?« Ich fühle, wie mir die Röte ins Gesicht schießt. Irgendwie finde ich es einfacher, mit dem Hund zu reden, was wahrscheinlich ziemlich merkwürdig ist. Ich werfe einen kurzen Blick auf den Alten, aber der scheint mich nicht wirklich zu beachten.

»Er sieht wie sein Vater aus, meinst du nicht?«, sagt der Alte und nickt zu mir herüber – oder nickt er dem Hund zu? Ich kann es nicht sagen. Dann tätschelt er seinen Hund. »Du wärst ein feiner *otapewatim* gewesen, nicht wahr?«

Ich weiß nicht, was otapewatim heißt, und ich weiß auch nicht, ob er mit mir oder mit dem Hund redet, aber ich krieg ein ganz komisches Gefühl, so als ob er mich irgendwoher kennt oder etwas über mich weiß, das ich nicht weiß. Unheimlich.

»Ich muss nach Hause. Meine Mutter wartet«, entschuldige ich mich.

Der Alte nickt. »All die Jahre, und trotzdem kannst du dich an ihn erinnern, nicht wahr?«

Mit wem redet er bloß? Mit mir? Dem Hund? Oder jemand anderem?

Mom rumort in der Küche herum, als ich nach Hause komme.

»Sag mal, wer wohnt denn eigentlich in der alten Hütte auf dem Hügel?«, frage ich so beiläufig wie möglich.

Mom wirft Spaghetti in den Topf mit sprudelnd heißem Wasser. »Welche Hütte?«

»Die alte Blockhütte ganz am Ende der Straße.«

»Warum willst du das wissen?« Die Stimme meiner Mutter hört sich plötzlich scharf an. Ganz anders als ihre normale, freundliche Stimme. Ich weiß nicht, was ich ihr antworten soll.

»Jeremy! Ich hab dich was gefragt.«

Auf einmal fühle ich mich, als ob ich irgendetwas falsch gemacht hätte. Nur was?

»Einfach nur so«, sage ich betont gleichmütig.

Mom nickt Richtung Küchentisch. »Abendessen ist fertig. Deck mal den Tisch. Und geh niemals zu der Hütte, verstanden?«

Nach dem Essen versuche ich, otapewatim im Cree-Online-Wörterbuch zu finden, aber ich habe kein Glück. Wahrscheinlich hab ich es falsch geschrieben. Wer weiß schon, wie man Cree richtig schreibt. Selbst unser Cree-Lehrer hat Schwierigkeiten mit der Rechtschreibung. Seine Entschuldigung ist, dass Cree eine orale Sprache ist, die niemals dazu gedacht war, aufgeschrieben zu werden. Ich wünschte, Englisch wäre eine orale Sprache. Ich könnte nämlich gut ohne die ganzen Rechtschreibungsprüfungen leben.

Aber darum geht es hier ja nicht. Es macht mich irgendwie traurig, dass ich nicht verstehen konnte, was der alte Mann gesagt hat, obwohl wir in der gleichen Siedlung wohnen. In meiner Klasse sind nur zwei Schüler, die fließend Cree sprechen, dabei leben weit über die Hälfte im Reservat. Fast jeder spricht Englisch, die Alten, die nur Cree sprechen, werden immer weniger. Ich könnte einen der Elders fragen, was otapewatim bedeutet, oder noch einfacher: Ich könnte den alten Mann selbst fragen. Aber was, wenn er verrückt ist oder gefährlich oder beides? Ich könnte Justin fragen, ob er mitkommt. Der würde einfach einen Witz machen, wir würden lachen, und keiner hätte einen Grund, Schiss zu haben. Aber dann sehe ich ein, wie unmöglich das ist. Wie könnte ich Justin gegenüber zugeben, dass ich plötzlich mit Acimosis befreundet bin? So tun, als ob der Hund mich nichts angeht, geht erst recht nicht. Niemals könnte ich ihm antun, was

27

ich ihm schon einmal angetan habe. Nee, nie wieder. Und wie soll ich Justin erklären, dass ich mit einem Alten sprechen will, den ich noch nicht mal kenne? Das kann ich mir ja nicht mal selbst erklären. Außerdem hieße das, ich müsste mit Justin reden. Wie kann ich jemals wieder mit ihm reden, nach unserem Streit am Freitag?

KAPITEL 4

Es schneit so heftig, dass ich noch nicht mal von einem Strommasten zum nächsten sehen kann. Aber das ist gut so. So kann nämlich niemand sehen, wie ich mich zu dem Haus vom Alten schleiche.

Acimosis ist nicht im Hof, aber frische Pfotenabdrücke führen um die Hausecke herum. Ich folge den Spuren, und das Erste, was ich sehe, sind rostige Fallen, die an der Hauswand hängen. Sie haben verschiedene Größen, doch ich kann nicht sagen, welche für Marder und Biber sind und welche für Kojoten und Wölfe. Die Fallen sind alt, mit scharfen Zacken, die aussehen wie Zähne, die jeden Moment zuschnappen könnten, wenn man ihnen zu nahe kommt.

Das Nächste, was ich sehe, lässt mein Herz wie verrückt schlagen, und für eine Sekunde habe ich Angst, dass es mir aus dem Körper springt und davonläuft. Verstreut zwischen Haus und Waldrand sind Gräber, wie sie auf dem alten Friedhof gegenüber der Sägemühle zu finden sind. Die mit den Holzzäunen anstelle eines Grabsteines, meine ich. Die Gräber hier haben einen Zaun, der genauso gebaut ist wie die Hütte des Alten: aus aufeinandergestapelten Baumstämmen. Sie sind klein, wie für Kinder.

»Ich hatte sechs. Nicht mehr viel übrig von ihren Hütten, eh?« Der alte Mann steht im Hintereingang. Acimosis kaut neben ihm hingebungsvoll an einem Knochen. Das alles ergibt keinen Sinn. Der Alte redet mit mir, als ob wir uns schon ewig kennen würden. Als ob ich ein Freund wäre, der einfach mal zu Besuch vorbeischaut, und nicht ein Fremder, der gerade eben sechs Gräber im Hinterhof entdeckt hat. Ich will weg, so schnell wie möglich, aber meine Beine gehorchen mir nicht.

»Acimosis ist der Letzte, aber er ist nie im Team gelaufen«, erklärt der Alte.

Team? Jetzt endlich geht mir ein Licht auf. Na klar, *atim* heißt »Hund«. Könnte otapewatim »Schlittenhund« heißen? Der alte Mann hatte Schlittenhunde! Beinahe lache ich laut auf, als mir klar wird, dass ich nicht auf Gräber starre, sondern auf verfallene Hundehütten.

»Cool«, rutscht es mir heraus, und im gleichen Moment wünsche ich mir, ich hätte nichts gesagt. Der Alte sieht so einsam und verlassen aus inmitten der Hütten von Hunden, die längst nicht mehr da sind, dass es sich fast wie auf einem Friedhof anfühlt.

»*Astam.* Komm rein.« Der Alte geht ins Haus und lässt die Tür weit offen. Am liebsten würde ich draußen bleiben, wo der Hund ist, aber ich kann den Alten ja nicht einfach so ignorieren. Also folge ich ihm ins Innere der Hütte.

Es dauert eine Weile, bis meine Augen sich an die Dunkelheit gewöhnt haben, aber als es so weit ist, muss ich mehrmals blinzeln, um ganz sicher zu sein, dass meine Augen mir keinen Streich spielen. Die Hütte ist voll mit Krempel, wie sie ihn im *Poplar Point Trading Post*, dem alten Laden für Fellhändler, verkaufen. Ich dachte ehrlich gesagt nicht, dass das Zeugs heute noch jemand kaufen würde. Wer braucht schon Öllaternen und Kaffeekannen aus Emaille, Holzöfen aus Blech und Goldgräberpfannen? Aber hier ist all das! Okay, vielleicht keine Goldgräberpfannen, aber wer weiß? Immerhin gibt es noch ein paar dunkle Ecken, in die ich nicht sehen kann. Keine Ahnung, was da noch alles ist. Irgendwie komme ich mir wie in einem Museum vor – außer, dass sich in einem Museum alles immer so verstaubt und nutzlos anfühlt. Hier werden die Sachen alle noch benutzt.

Ich setze mich auf den dreibeinigen Hocker an dem Tisch beim Fenster, durch das milchiges Licht fällt. Der alte Mann wirft ein paar Teebeutel in den Kessel, der auf dem Holzofen vor sich hin blubbert. Das Wasser ist schon heiß; als ob der Alte mich erwartet hätte. Der Kessel kocht über, Tee spritzt auf den heißen Ofen und formt dunkle Perlen, die sich mit einem Zischen in Dampf auflösen.

Der Alte gießt Tee in eine mit altem Kaffee verklebte Tasse und reicht sie mir. Der Tee ist pechschwarz, und ein öliger Film schimmert auf der Oberfläche; mir dreht sich der Magen um, als ich die Tasse annehme. Ich schaufele löffelweise Zucker in meine Tasse – als ich damit fertig bin, schwimmt etwas Unidentifizierbares in meinem Zuckertee.

Der Alte schiebt ein Stück Bannock über den Tisch.

»Nein danke«, rutscht es mir heraus. Das war zu schnell, ich wollte den Alten nicht beleidigen. »Ich habe gerade erst gegessen«, schiebe ich hinterher, was normalerweise kein Grund für mich ist, Nein zu Bannock zu sagen, aber dieser Tag ist sowieso alles andere als normal.

Der alte Mann nippt laut schlürfend an seinem Tee, als ob er vergessen hätte, dass ich hier bin.

»Also, ähm, du hattest Schlittenhunde? Bist du Rennen mit

ihnen gefahren?«, frage ich über das Schlürfen hinweg. Ich weiß, dass es unhöflich ist, die Alten mit Fragen zu belästigen. Man soll schön brav und still sein. Einfach nur dasitzen und zuhören. Aber das ist ein bisschen schwierig, wenn der Alte kein Wort sagt. Außerdem will ich unbedingt mehr über seine Hunde erfahren.

Vor einigen Jahren gab es noch ein paar Musher in Poplar Point. Im Februar gab es während des Winterfestivals immer Hunderennen auf dem zugefrorenen See. Ich weiß noch, wie Justin und ich zugesehen haben. Einmal haben wir eine Bande streunender Hunde auf den See gejagt, nur um zu sehen, was passieren würde. Die Straßenköter haben wie verrückt gebellt, aber die Schlittenhunde waren voll auf das Rennen konzentriert – bis auf ein Team. Es hat die Verfolgung aufgenommen und die Streuner an allen Zuschauern vorbei bis in den Vorgarten von Mina Dynamit gejagt. Und Mina hat ihren Spitznamen nicht ohne Grund. Sie hat sich ihren Besen geschnappt und den Musher und sein Hundeteam von ihrem Grundstück getrieben. Wir haben das Rennen in dem Jahr verpasst, aber das war es wert.

Ich kann mich aber nicht daran erinnern, den Alten jemals bei den Rennen gesehen zu haben.

»Hunderennen waren nicht meine Sache«, sagt er, während er einen weiteren Schluck Tee trinkt. »Habe das eine oder andere gefahren, damals, wenn ich zufällig hier war, während des Winterfestivals. Es waren Trapline-Hunde, weißt du. Die haben mir beim Fallenstellen geholfen. Gute Arbeitstiere, aber nicht so schnell wie die hageren Hunde, die sie heute haben, die mit dem dünnen Fell. Meine Hunde, die hatten richtiges Fell, so wie die Hunde aus den alten Zeiten. Richtige Oldtimer, ja, das waren gute Hunde. Wie Acimosis.« Der Alte nickt Richtung Fenster. Acimosis liegt zusammengerollt im Schnee; seine Nase hat er unter den Schwanz gesteckt. Frischer Schnee bedeckt sein sandfarbenes Fell, und ein kalter Wind bläst vom See, der mit einer dünnen Eisschicht überzogen ist, aber Acimosis macht das nichts aus. Er schläft ganz behaglich, als ob der Schnee eine kuschelig weiße Decke wäre.

Der Alte sieht aus dem Fenster. Ich will unbedingt wissen, wie es ist, eine Trapline zu haben, komplett mit Hunden und allem Drum und Dran. Was mit seinen Hunden passiert ist und warum er keine mehr hat, aber er ist so tief in Gedanken versunken, dass ich ihn nicht stören will. Also sitzen wir einfach da und trinken unseren Tee. Ich vergesse sogar die Krümel in meiner Tasse.

Als das Feuer im Ofen niederbrennt, helfe ich ihm, aus dem Schuppen hinter der Hütte, der bis zur Decke mit Feuerholz vollgestopft ist, Holz ins Haus zu bringen. Ich hatte keine Ahnung, dass es bei uns in der Siedlung noch Häuser gibt, die nicht mit Erdgas geheizt werden. Sie haben die Leitungen erst vor ein paar Jahren installiert, aber jetzt hat eigentlich jeder Gas. Und davor hatten wir Propan. Ich glaube, das Haus des Alten ist das einzige, das noch mit Brennholz geheizt wird und keinen Strom hat. Außer natürlich die Schuppen hinter den Wohnhäusern. Justins älterer Cousin lebt in so einer Bude. Aber er hat ein Verlängerungskabel verlegt, damit er Musik hören und eine elektrische Heizung einstöpseln kann. Also zählt es wahrscheinlich nicht wirklich.

»Ist Acimosis ein Schlittenhund?«, frage ich, als ich die Stille nicht länger ertragen kann.

»Er hat noch nie ein Zuggeschirr gesehen. Er war damals noch ein Welpe, weißt du?«

Ich weiß, das ist nur so eine Floskel, das »Weißt du« des alten Mannes. Ich sage es selbst manchmal, aber irgendwie werde ich das Gefühl nicht los, dass er denkt, ich weiß, wovon er redet. Weiß was?

KAPITEL 5

Justin war seit unserem Streit nicht mehr in der Schule. Das ist an sich nicht weiter ungewöhnlich, er ist nicht gerade der Schüler des Monats, aber trotzdem frage ich mich, wo er steckt. In gewisser Weise bin ich froh, dass ich ihm nicht begegnen muss. Ich wüsste nicht, was ich zu ihm sagen sollte. Und dazu, einfach Videospiele zu spielen, habe ich auch nicht recht Lust.

Das Einzige, wozu ich wirklich Lust habe, ist, den Alten wiederzusehen und mehr Geschichten über seine Schlittenhunde und Acimosis zu hören.

Wir haben gerade Cree-Kulturunterricht, und Elder Jim zeigt uns, wie man Schneeschuhe macht. Den Holzrahmen haben wir schon vor ein paar Wochen gebogen. Heute binden wir das Netzwerk mit gelber Schnur, und Seilreste sind über den ganzen Boden verteilt. Ich bin mit meinen fertig und habe nichts zu tun. Also sehe ich mir die alten Schwarz-Weiß-Fotos an, die an der Wand hängen. Ich habe die Bilder nie so richtig beachtet. Aber sie sind schon cool. Es ist, als ob sie eine Tür in die Vergangenheit öffnen könnten. Fotos von Frauen, die Elchfelle über dem Rauch eines Lagerfeuers gerben; Babys, die von ihren Müttern in perlenbestickten Wiegebrettern auf dem Rücken getragen werden; und sogar ein paar ganz alte Fotos von Familien, die vor ihren Tipis Fleisch zum Räuchern aufhängen. Ich dachte immer, das wären einfach so Fotos, wie sie in jeder kanadischen Schule hängen, aber jetzt frage ich mich, ob es Fotos von Leuten sind, die hier in Poplar Point oder auf nahe gelegenen Traplines gelebt haben. Ein Bild hat es mir ganz besonders angetan – ein Hundeteam, das einen Schlitten über einen zugefrorenen See zieht. Das Bild ist ein bisschen verschwommen, und das Gesicht des Mushers ist nahezu verdeckt von seiner Pelzmütze, doch die Hunde im Vordergrund sind gut zu erkennen. Sie tragen alle schweres Lederzuggeschirr, das mit Perlen bestickt und mit Bommeln verziert ist. Aber das ist es nicht, was mich beeindruckt. Was mich wirklich interessiert, ist, dass der Leithund genau wie Acimosis aussieht. Ich frage eine meiner Mitschülerinnen, ob sie ein Foto mit ihrem Handy machen und es mir mailen kann. Ich will es auf Moms Computer ausdrucken, damit ich es dem alten Mann zeigen kann.

Die Computerausdrucke sehen überraschend gut aus, dafür, dass es nur ein Handyfoto von einem alten Schwarz-Weiß-Bild ist. Ich lege einen in die Schublade meines Nachttischs, wo ich Dads altes Jagdmesser aufbewahre. Mom hat es mir zu meinem zwölften Geburtstag geschenkt. Der Messergriff ist aus einem Rehfuß gemacht, der so winzig ist, dass er bestimmt von einem Kitz kommt. Ich streiche oft über das kurze, weiche Haar. Ich mag, wie glatt und sanft es sich anfühlt, aber gleichzeitig bin ich immer ein bisschen traurig wegen des toten Kitzes. Ich lege das Foto von dem Hundeteam unter das Jagdmesser, und für einen kurzen Moment habe ich das komische Gefühl, es gehöre dahin – das Foto, meine ich, direkt neben das Messer.

Die Messerscheide ist aus geräuchertem Elchleder gemacht. Auf das Leder sind mit bunten Perlen Blumenmuster gestickt. Ich weiß nicht, von wem mein Vater das Messer bekommen hat, und natürlich hat Mom auch nichts drüber gesagt, als sie es mir gegeben hat, außer eben, dass Dad wohl gewollt hätte, dass ich es bekomme. Was seltsam ist: Der Hundeschlittenführer auf dem Foto trägt eine Elchlederjacke mit Perlenstickerei, das Muster ist dasselbe wie das auf dem Messer. Na ja, nicht zu hundert Prozent gleich, aber doch schon ganz schön ähnlich. Und dann komm ich mir dumm vor mit meinem komischen Gefühl. Natürlich sehen sich die Blumenmuster ähnlich. Sie sehen sich doch alle ähnlich, wenn sie aus unserer Gegend stammen. Egal, ob es handgenähte Mokassins oder Fausthandschuhe sind oder eben Messerscheiden – die Perlenstickerei von Poplar Point ist unverkennbar Woodland Cree. Ich schließe die Schublade, schnappe mir den zweiten Ausdruck von dem Foto und mache mich auf den Weg zum Alten.

Acimosis rennt mir entgegen, sobald ich durchs Gartentor marschiere. Sein Hinterteil wackelt, und fast glaub ich, sein Schwanz wedelt ein kleines bisschen mit. Wird er jemals wieder ganz normal mit dem Schwanz wedeln können? Am liebsten würde ich jemanden danach fragen, aber das ist unmöglich. Ich glaube nicht, dass der Alte weiß, was ich getan habe, und sagen will ich es ihm auf keinen Fall. Mom natürlich erst recht nicht.

Acimosis stupst meine Hand mit seiner Nase an. »Tut mir leid, Kumpel, ich habe heute nichts dabei.« Ich streichele ihm über den Kopf, und Acimosis legt sich auf den Rücken, Beine nach oben. Als ich seinen Bauch kraule, sieht es fast so aus, als ob er mich glücklich angrinsen würde. Ich grinse zurück.

»Danke, Acimosis«, sage ich. Er mag mich, und das fühlt sich gut an.

Acimosis rennt Richtung Hintereingang, aber bevor er die Hausecke umrundet, bleibt er kurz stehen und schaut zurück, als ob er sichergehen will, dass ich ihm folge.

Ich muss mich mit meinem ganzen Gewicht gegen die alte Holztür lehnen, bevor sie einen Spalt weit aufgeht und ich mich durchquetschen kann. Der alte Mann kniet beim Ofen und schürt das Feuer mit Holzscheiten, die er einen nach dem anderen in den Schlund des Ofens schiebt. Er bewegt sich so langsam und bedächtig, als ob er den ganzen Tag Zeit hätte. Die Flammen schießen aus dem Ofen, und er fängt an zu rattern und dröhnen, als ob er wie eine Rakete abheben wollte. Cool! Aber dann wird das rostige Ofenrohr plötzlich glühend rot, und ich mache mir Sorgen, dass das Haus Feuer fangen könnte.

Letztes Jahr sind zwei Häuser abgebrannt. Ich habe mich nie gefragt, wie so was eigentlich passiert. Klar, nach so etwas geistern immer irgendwelche Gerüchte herum – wie zum Beispiel Kinder, die mit Streichhölzern gespielt haben, eine durchgebrannte Sicherung oder eine eifersüchtige Freundin. Jetzt sehe ich es fast vor mir, wie schnell es gehen kann: Der Ofen ist so rostig, dass man fast schon in ihn reingucken kann, und wenn er so glühend heiß ist wie jetzt, dann fehlt nicht mehr viel, und er könnte ganz einfach in sich zusammenfallen.

Der Alte schließt einen Zugregler im Ofenrohr, und der Ofen beruhigt sich allmählich wieder. Als wir am Küchentisch sitzen, hat er wieder seine gewöhnliche Rostfarbe und gibt eine gemütliche Wärme ab.

Ich schiebe das Foto über den Tisch. Der Alte guckt es eine Weile schweigend an. Dann geht er zu seinem Bett und fängt an, in einer Holzkiste zu wühlen, die sein Nachttisch zu sein scheint.

Er kommt mit Tabak und Pfeife wieder, setzt sich hin und sagt immer noch nichts. Ich frage mich schon, ob ich besser gehen sollte, aber dann erfüllt süß-bitterer Rauch die Luft, und der alte Mann beginnt zu erzählen.

»Das Bild dort, das ist schon alt«, sagt er und deutet mit vorgeschobener Unterlippe auf das Foto.

»Also ist das nicht Acimosis?«

»Das Foto wurde viele Winter, bevor Acimosis geboren war, gemacht.«

»Oh«, sage ich und kann mir die Enttäuschung nicht verkneifen, obwohl der Alte ja schon gesagt hatte, dass Acimosis niemals einen Schlitten gezogen hat. Aber der Hund auf dem Foto sieht ihm wirklich superähnlich.

»Wann wurde das Foto denn gemacht?«, frage ich.

»Vor langer, langer Zeit. Noch bevor es die Straße in den Norden gab. Ich war damals noch ein kleiner Junge. Wir hatten eine Trapline bei Caribou Narrows, ganz weit oben im Norden.«

»Das ist also ein Trapper? Der Mann auf dem Bild?«

Der Alte schnalzt mit der Zunge und schüttelt den Kopf. Ich habe ihn schon wieder unterbrochen. Könnte ich doch meinen Mund halten! Er wird es mir schon erzählen.

»Wir wohnten damals auf der Trapline. Jedes Jahr, wenn die Zugvögel ihren Flug nach Süden begannen, zogen wir nach Norden. Dort sind wir dann geblieben, während die Seen und Flüsse zufroren und der Winter langsam Einzug hielt. Mein Vater hat Fallen aufgestellt, sobald das Eis sicher war. Erst wenn die wiederkehrenden Adler den Frühling ankündigten, sind wir zurück nach Poplar Point gezogen. Manchmal haben wir bis Weihnachten niemanden außer uns gesehen. Weihnachten war

39

immer ganz besonders. In der Woche vor Weihnachten machten sich alle Traplinefamilien auf nach Poplar Point, um Pelze zu handeln und um in die Kirche zu gehen, oder einfach, um das Zusammensein zu genießen.

Wir hatten Glück. Wir hatten zwei Hundeteams. Unser Vater hatte die Pelze im Schlitten – Biber, Marder, Bisamratte, Luchs, Kojote und Wolf. Unsere Mutter fuhr mit uns Kindern und kohkom. Wir fuhren zehn Meilen, und dann gab es Tee, während die Hunde sich ausruhten. Dann ging es weiter. Manchmal reisten wir dreißig Meilen am Tag, manchmal auch nur zwanzig. Fünf Tage brauchten wir mit den Hunden, um nach Poplar Point zu kommen.«

»Fünf Tage?! Wo habt ihr denn übernachtet?« Ich beiße mir auf die Zunge. »'tschuldigung.«

»Damals, da lebten noch viele von uns im Busch. Nicht wie heute, wo kaum noch einer Fallen stellt. Früher sind wir einfach gefahren, bis wir zu einer Hütte kamen, und dann haben wir bei der Familie dort übernachtet. Manchmal waren schon andere Familien mit ihren Hunden da. Wir Kinder haben dann unter dem Tisch geschlafen. Und wenn es immer noch zu voll war, kam der Tisch einfach nach draußen.«

»Mit den Kindern?!«

Der alte Mann lacht. »Vielleicht wäre das gar nicht mal so dumm gewesen. Wir hatten so lange keine anderen Kinder außer unseren Brüdern und Schwestern gesehen, dass wir die ganze Nacht redeten und spielten, bis Vater uns ermahnte, wir sollen endlich schlafen. Am nächsten Tag packten wir ein und fuhren weiter, bis Pisew Lake – Lynx Lake, weißt du?« Der Alte zeichnet mit seinem Finger einen Trail durch den auf dem Tisch verschütteten Zucker. »Das hier war unsere Trapline. Caribou Narrows ist hier, und dann nimmst du die Sechs-Portagen-Route bis Lynx Lake.«

»Aber du hast gesagt, früher gab es keine Straße. Wie seid ihr denn dann gereist?«

Der Alte zeichnet kleine und größere Seen und die kurzen Portagen, die von einem See zum anderen führen.

»Damals gab es überall Wege im Busch. Viel, viel mehr als heute. Das waren unsere Straßen. Die Trapline Trails waren alle miteinander verbunden.« Er zeichnet einen großen Kreis auf den Tisch – Poplar Lake –, und deutet dann auf eine dünne Linie, die in den See fließt. »Das hier ist Fish River. Da gab es viele Hütten.« Er stellt seine Teetasse an der Stelle auf den Tisch. Meine Tasse wird zu Poplar Point, und er markiert die Route zwischen den beiden Wegpunkten. Auf der Zuckerlandkarte sieht es ganz einfach aus, aber ich weiß, dass der See nicht einfach kreisrund ist. Da gibt es Millionen Inseln, Halbinseln und Seeengen mit unsicherem Eis – die sehen all gleich aus, und manchmal kann man gar nicht richtig erkennen, was nur eine große Insel ist und was Festland.

»Wie wusstet ihr, wo es langgeht?«

»Das wussten wir einfach. So wie du deinen Weg zur Schule kennst. Ist alles hier oben.« Der Alte zeigt auf seinen Kopf, und ich komme mir ein bisschen dumm vor, weil ich mir einfach nicht vorstellen kann, wie jemand Hunderte Meilen Waldwege, die noch nicht mal richtige Wege sind, so einfach im Kopf haben kann. Wie findet man den Weg über einen zugefrorenen See, der keine Spur im Schnee hat, und kommt dann genau bei der Portage heraus? Wenn ich mir vorstelle, allein in der Wildnis zu sein, mitten im Nichts, und noch nicht mal ein GPS dabeizuhaben … dann fange ich jetzt schon an zu zittern. Was, wenn du dich verirrst oder mitten in einen Schneesturm gerätst?

»Die letzte Nacht campten wir immer am Fish River. Von hier sind es nur noch siebzehn Meilen bis zu Poplar Point. Hundeteams von überallher versammelten sich dort, und es war nicht genug Platz für alle Reisenden in den Hütten. Wir Jungs bauten ein Bett aus Tannenzweigen und schliefen am Lagerfeuer, aber die alten Trapper, die krochen einfach in ihre Schlitten. Am nächsten Morgen wuschen wir uns alle und zogen saubere Sachen an, und dann fuhren wir um die Wette bis zum Trading Post. Die Trapper aus Caribou Narrows hatten immer gute Hunde.«

Ich versuche mir vorzustellen, wie die vollbeladenen Schlitten mit all der Ausrüstung, Pelzen, Essen und Kindern obendrauf von überall herkommen und auf Poplar Point zurasen.

»Wie schnell sind sie denn gewesen?«

»Oh, ganz schön schnell. Aber nicht so schnell wie am ersten Weihnachtstag. Da hatten die Hunde ein paar Tage Pause, und die Schlitten waren leer. Wir haben immer Hunde getauscht. Beim Weihnachtsrennen hatte jeder Trapper neue Hunde im Team. Meine Mutter war diejenige, die einen guten Hund von einem Faulpelz unterscheiden konnte. Aber mein Vater ist die Rennen gefahren.«

»Wie …« *Wie lang war das Rennen?*, wollte ich fragen, aber diesmal schaffe ich es, mich selbst zu bremsen, bevor ich den Alten wieder unterbreche.

»Da waren vielleicht dreißig Familien, die um die Kirche und den Handelsposten herum gecampt haben, und ungefähr genauso viele Hundeteams. Der Ladenbesitzer setzte immer einen Preis aus. Das Team, das als Erstes die Dreißig-Meilen-Runde um Kitsaki Island herum schaffte, gewann einen Sack Mehl.«

»Einen Sack Mehl? Das ist alles?« Ich kann mir nicht vorstellen, dass irgendwer einen Sack Mehl gewinnen will. Ich stell mir vor, wir hätten ein Fischderby, und anstelle eines nagelneuen Motorbootes bekäme der Gewinner einen Sack Mehl. Da würde doch keiner kommen!

»Es war einer der großen Mehlsäcke. Achtzig Kilo. Macht eine Menge Bannock, so ein Sack Mehl. Und meine Mutter, die machte aus den leeren Säcken immer Kleider für meine Schwestern.«

So wie der Alte über das Mehl redet, werde ich auf einmal ganz verlegen. Ein Sack Mehl musste eine Menge bedeutet haben für die Leute von damals.

»Die Trapper waren immer stolz auf ihre Hunde. In dem Jahr, in dem das Foto hier gemacht wurde, hatte mein Vater die schnellsten Hunde. Der Pfarrer hat die Aufnahme gemacht.«

»Das ist dein Vater? Das ist ja cool! Das Bild hängt bei mir in der Schule, ich hatte keine Ahnung …«

»Er hätte dich gemocht«, sagt der Alte, und plötzlich habe ich das Gefühl, dass ich ein Teil seiner Geschichte bin. Ich weiß, das hört sich dumm an. Ich habe schließlich nur ein altes Foto gefunden.

KAPITEL 6

»Wo warst du?« Mom steht im Eingang, die Hände in die Hüften gestützt, und es braucht kein Genie, um festzustellen, dass sie sauer ist. Richtig sauer. Bevor ich antworten kann, zeigt sie auf ihren Computer. Das Foto von dem Hundeteam ist auf dem Bildschirm. Ich muss wohl vergessen haben, es zu schließen, bevor ich gegangen bin.

»Woher hast du das?« Sie guckt mich an wie ein Detektiv aus einer schlechten Krimiserie, und das Foto ist das Beweisstück, das mich eindeutig des Verbrechens überführt. Allerdings habe ich überhaupt keine Ahnung, was das Verbrechen eigentlich ist.

»Das ist ein Foto, das bei uns in der Schule hängt.«

»Und warum ist es auf meinem Computer?«

Ich weiß nicht, ob es um ihren Computer geht, den ich eigentlich für Schulprojekte benutzen darf, oder um das Foto selbst.

»Das ist … für ein Schulprojekt.« Ich will nicht lügen, aber irgendwie ist es auch ihre eigene Schuld. Warum macht sie auch so ein Theater?

»Schulprojekt?« Sie hebt eine Augenbraue. Sie glaubt mir also nicht.

»Ich dachte, das wäre der alte Mann auf dem Foto, du weißt schon, der, der in der alten Hütte am Ende der Straße wohnt. Ich wollte es ihm zeigen, also habe ich eine Kopie von dem Bild gemacht.«

»Du hast mit Jack gesprochen?« Mom lässt sich auf die Couch fallen und reibt sich die Stirn, als ob sie ganz plötzlich Migräne hätte.

»War er sowieso nicht. Ich meine, der Typ auf dem Foto«, werfe ich schnell ein, um sie zu beschwichtigen, obwohl ich noch immer keine Ahnung habe, warum sie sich überhaupt so aufregt. Mom kennt also seinen Namen. Ich frage mich, was sie sonst noch über ihn weiß, aber ich habe das Gefühl, es wäre nicht besonders klug, jetzt danach zu fragen.

»Was hat er gesagt?« Moms Stimme hört sich ganz tonlos an, als ob sie todmüde wäre, oder richtig verärgert.

»Nicht viel«, antworte ich, und so richtig gelogen ist es nicht. Er hat mir viel mehr als bei meinen vorherigen Besuchen erzählt, aber auch diesmal hatte ich das Gefühl, dass mehr unausgesprochen geblieben ist, als gesagt wurde.

»Was hat er gesagt?« Ihre Stimme ist jetzt schneidend. Also erzähle ich ihr, was er mir erzählt hat, aber ich lasse ein paar Einzelheiten aus – wie zum Beispiel, dass wir über Acimosis gesprochen haben und ich das komische Gefühl hatte, ich sollte ihn irgendwie kennen – oder dass er mich kennt.

»Mehr nicht?« Mom hört sich überrascht oder erleichtert an, vielleicht ein bisschen von beidem.

»Das ist alles«, sage ich, und sie nickt.

»Ich will nicht, dass du da noch mal hingehst.«

»Was?! Warum?« Der Gedanke, den Alten nicht mehr zu besuchen, macht mir mehr zu schaffen, als ich gedacht hätte.

»Weil er ein Säufer ist, und nichts Gutes jemals aus dieser Hütte gekommen ist. Ende der Diskussion.«

»Er ist kein Säufer«, verteidige ich den Alten. Ich war schon öfter bei Freunden, deren Eltern oder Tanten oder Cousins Alkoholiker sind. Deren Häuser stinken nach abgestandenem Alkohol, und fast immer findet man irgendwo eine leere oder halb leere Flasche. Meistens braucht man gar nicht mal zu genau hinzugucken, um sie zu entdecken. Außerdem redet er nicht wie ein Betrunkener.

»Was weißt du denn schon?« Die Art und Weise, wie sie fragt, sagt mir, dass es eine der Fragen ist, die nicht wirklich eine Antwort brauchen.

»Okay, dann weiß ich es halt nicht«, sage ich, »aber du beschwerst dich auch nicht, wenn ich Onkel Charlie besuchen gehe.« Ich beiß mir auf die Zunge, sobald es mir herausgerutscht ist.

Onkel Charlie ist Moms Lieblingsbruder, weil er immer auf sie aufgepasst hat, als sie noch Kinder waren und in der Stadt wohnten. Wenn sie mit ihm zusammen ist, ist sie noch immer das kleine Mädchen, das seinen Schutz braucht. Obwohl ich mich manchmal schon frage, wie erwachsen Onkel Charlie wirklich ist.

»Wenigstens hat Charlie keinen Toten auf seinem Gewissen.« Mom schnappt sich ihre Jacke und stürmt aus der Tür. Ich renne ihr hinterher.

»Wohin gehst du?«

»Dem alten Dummschwätzer klarmachen, dass er mit dir nichts zu schaffen hat.«

Es ist schon spät in der Nacht, als Mom endlich wiederkommt. Ich höre, wie sich die Haustür leise schließt, und schleiche mich ins Wohnzimmer. Mir ist kalt, und ich bin mir sicher, es liegt nicht nur daran, dass ich barfuß und im Schlafanzug bin.

Mom sitzt in sich zusammengesunken auf dem Sofa. Ich kann in dem fahlen Licht, das aus dem Eingangsbereich ins Wohnzimmer fällt, kaum ihre Umrisse erkennen. Sie sieht furchtbar erschöpft oder traurig aus. Als sie davongestürmt ist, war ich supersauer, dass sie mich wie ein kleines Kind behandelt, das die Erlaubnis von Mutti braucht, um mit seinen Freunden spielen zu dürfen. Ich habe mir geschworen, dass sie sagen kann, was sie will, aber dass ich mir nicht verbieten lasse, Leute zu besuchen, wenn ich das will. Doch wie ich sie so da sitzen sehe, will ich jetzt einfach nur, dass sie sich besser fühlt. Ich setz mich neben sie und lege ihr den Arm um die Schultern.

»Ich geh den Alten nicht mehr besuchen, okay?«

Mom lächelt mich müde an. Sie legt ihren Arm um mich und drückt mich ganz fest. Ist schon eine ganze Weile her, dass sie mich so umarmt hat, und obwohl ich kein Kind mehr bin, fühlt es sich gut an. Ich drücke mich näher an sie heran, und sie fragt mich leise: »Warum warst du denn eigentlich bei ihm? Was hast du da gemacht?«

Ich erzähle ihr von dem Zottelhund, dass ich ihn am Schwanz gezogen habe und dann meine Sandwiches für ihn aufgehoben habe, weil es mir so leidtat, und wie ich dann das Foto in der Schule entdeckt habe und ich dachte, das wäre er, der Zottelhund, der in Wirklichkeit Acimosis heißt. Die Wörter sprudeln einfach so aus mir heraus, ich weiß nicht mal, ob sie irgendeinen Sinn ergeben oder ob mein Geständnis die Situation verbessert oder verschlimmert, aber es fühlt sich gut an, Mom alles zu erzählen.

Und dann lacht sie. Sie lacht so laut, dass ihr Tränen in die Augen schießen, und bevor ich so richtig verstehe, was eigentlich los ist, lache ich mit. Ich bin einfach nur erleichtert, alles gebeichtet zu haben und das Gefühl zu haben, dass Mom und ich wieder Freunde sind.

»Also geht es gar nicht um Jack, sondern um seinen Hund?«

Ich nicke, aber gleichzeitig fühle ich, wie sich mein Hals zusammenschnürt. Ich bin mir nicht sicher, ob es mir wirklich nur um Acimosis geht. Warum macht Mom auch so ein großes Geheimnis um den alten Mann?

»Was hat er denn gesagt, als du mit ihm geredet hast?«, frage ich.

»Ich war nicht da«, sagt sie kleinlaut und beguckt sich ihre Hände. »Ich war bei Tante Ida.«

Das erklärt, warum sie nach Zigarettenrauch riecht. Mom raucht nicht, außer eben, wenn sie bei Tante Ida ist. Natürlich könnte sie sich ihre eigenen Zigaretten leisten, schließlich hat sie ja einen Job im Gesundheitszentrum. Ich glaube, sie geht immer zu Tante Ida, wenn sie irgendwie geknickt ist, und Tante Idas Rezept für alle Fälle ist starker Kaffee und eine Zigarette. Mom trinkt keinen Kaffee, also nimmt sie stattdessen eine doppelte Ration Zigaretten.

»Kurz bevor du los bist, hast du gesagt, der Alte hat jemanden umgebracht? Wen denn? Wie denn?«

»Habe ich das gesagt?« Sie hört sich überrascht an. »Das muss mir einfach so herausgerutscht sein. Tut mir leid, okay?«

»Heißt das, ich kann den alten … Hund wieder besuchen?«

Mom antwortet nicht gleich. Fast erinnert sie mich an den alten Mann, wie sie so dasitzt und durch die Wand hindurchzusehen scheint.

»Mom? Kann ich Acimosis wiedersehen?«

49

»Da sind noch ein paar alte Suppenknochen im Gefrierfach. Nimm sie für den Hund, wenn du magst. Das hat dein Vater auch immer gemacht. Er hat immer Fleischreste und Knochen für die Hunde aufbewahrt. Das hat mich wahnsinnig gemacht. Man hätte doch noch eine schöne Suppe daraus kochen können. Er hat Hunde wirklich geliebt, weißt du? Manchmal dachte ich, sogar mehr als Menschen.«

Plötzlich ist es so still, dass ich den Kühlschrank mit einem tiefen Seufzer anspringen höre. Mom spricht *nie* über meinen Vater. Es ist, als ob er niemals existiert hätte. Ich halte meinen Atem an und hoffe, sie erzählt mir noch mehr, aber sie tut es nicht.

»Versprich mir aber eine Sache, ja?«

»Okay«, sage ich, unsicher, was als Nächstes kommt.

»Versprich mir, dass du niemals mit ihm in den Busch gehst.«

Ich verspreche es ihr, obwohl ich keine Ahnung habe, warum.

»Und niemals alleine, ja? Niemals.«

»Warum sollte ich denn in die Wildnis wollen?«

»Versprich es einfach.«

Also tue ich es.

KAPITEL 7

Als ich mich auf den Weg mache, um Acimosis zu besuchen, stell ich mir vor, wie er um mich herumtänzeln und meine Hosentaschen beschnüffeln wird. Ich kann schon genau vor mir sehen, wie seine Augen vor Vorfreude riesig werden, wenn ich den Knochen aus der Tasche ziehe, den ich für ihn habe. Und wie er dann durch den Hof laufen wird, mit hoch erhobenem Kopf, als ob er der ganzen Welt seinen Schatz zeigen wollte. Ist schon cool, wie so kleine Dinge einen Hund so glücklich machen können. Das mag ich an Acimosis, und ich mag auch, wie glücklich es mich macht.

Ich pfeife vor mich hin, und bevor ich noch weiß, wie es geschieht, hüpfe ich auch noch dazu. Nach ein paar Hüpfern guck ich mich schnell um. Das wäre schon superpeinlich, wenn mich jetzt einer meiner Klassenkameraden sehen würde – oder Justin. Zum Glück ist niemand auf der Straße, außer einem gräulich-weißen Hund, der ganz darin vertieft ist, eine KFC-Verpackung aus dem Schnee im Straßengraben auszubuddeln.

»Na, mein Mädchen, was hast du denn da Schönes gefunden?«

Die Hündin sieht mich kurz an, dann wird ihre Aufmerksamkeit wieder ganz von der leeren Verpackung eingenommen. Die Arme ist ganz dünn. So dünn, dass ich ihre Rippen zählen kann. Sie leckt den aufgerissenen Pappkarton, als ob es ein

Becher voll Eis wäre, aber da ist nichts außer Fettflecken von Hähnchenstücken, die längst jemand gegessen hat.

»Na, dann viel Glück«, wünsche ich ihr und lauf weiter. Als meine Hand den Suppenknochen in meiner Tasche berührt, habe ich auf einmal ein furchtbar schlechtes Gewissen. Der ist für Acimosis und nicht für irgendeinen dahergelaufenen Köter, sage ich mir. Aber dann denke ich plötzlich, dass es noch nicht mal zwei Wochen her ist, dass Acimosis für mich auch nicht mehr als irgendein dahergelaufener Köter war.

Ich drehe mich um und sehe der großen, dünnen Hündin dabei zu, wie sie sich auf dem KFC-Pappkarton hin- und herwälzt, als ob sie selbst den Geruch aus der Verpackung kriegen will. Jetzt erst sehe ich, dass ihr Fell gar nicht grau-weiß ist, sondern schneeweiß. Das Grau kommt nur vom Dreck und dem Hähnchenfett – perfektes Hundeparfüm.

»Komm, mein Mädchen.« Ich knie mich in den Schnee und halte ihr den Knochen hin. Sie wedelt schüchtern mit dem Schwanz und kommt auf mich zu. Plötzlich bleibt sie stehen und kauert sich nieder, als ob sie eine Tracht Prügel erwarten würde. Acimosis macht das auch manchmal, aber normalerweise dreht er sich dann gleich auf den Rücken, damit ich seinen Bauch streicheln kann.

Ich glaube nicht, dass sie wirklich Angst vor mir hat. Sie zeigt mir ihre Unterwürfigkeit – es ist wie bei Wölfen. Das haben wir in der Schule gelernt. Es gibt immer einen Leitwolf und eine Leitwölfin, meistens sind es einfach die Eltern, wenn das Rudel nur aus einem Familienverband besteht. In dem Dokumentarfilm, den wir gesehen haben, gab es eine Wölfin, die vom ganzen Rudel schikaniert wurde. Wenn es etwas zu essen gab, war sie immer die Letzte, die was abbekommen hat. Und sie hat sich immer niedergekauert, genau wie die KFC-Karton-Hündin.

Ich schiebe den Knochen näher zu ihr hin, und dann zieh ich mich ganz langsam zurück.

»Na komm schon. Brauchst keine Angst zu haben.«

Sie wedelt ein klitzekleines bisschen mit dem Schwanz, als ob sie sich sogar davor fürchtet, mir zu zeigen, dass sie sich freut. Es ist schon drollig, dass sie denkt, sie müsse sich mir unterwerfen. Sie könnte mich viel schlimmer verletzen als anders herum. Dann schnappt sie sich blitzschnell den Knochen und rennt wie vom Bären gejagt die Straße herunter. Sie ist wahnsinnig schnell und ungefähr so groß wie Acimosis. Vielleicht hat sie ja auch Schlittenhundblut in sich?

Ich frage mich, wie es wäre, ein ganzes Team von Schlittenhunden zu haben. Würden sie auch alle denken, ich wäre das Leittier? Wenn das so wäre, dann würde ich mich um all meine Hunde kümmern, und ich würde dafür sorgen, dass keiner schikaniert wird.

Sobald ich den Hof des Alten betrete, kommt Acimosis angerannt und beschnuppert meine leeren Hosentaschen.

»Ich habe ihn verschenkt. Hättest du gesehen, wie dünn sie war, dann würdest du es verstehen. Ihr beide würdet ein feines Paar Schlittenhunde abgeben, weißt du das?«

Acimosis versucht, seine Schnauze in meine Tasche zu stecken, als ob er einfach nicht glauben kann, dass ich ihm kein Leckerchen mitgebracht habe. Ich muss lachen und zerzause ihm sein Fell. Er springt mich an und leckt mir das Gesicht. Manchmal braucht man nicht mal einen Knochen, um einen Hund glücklich zu machen.

Die Kopie des alten Fotos hängt über dem Bett des alten Mannes. Es ist die einzige Dekoration, die an der Wand zu finden ist – Töpfe und Pfannen und die alte Waschschüssel aus Emaille mal ausgenommen. Der Alte bemerkt, wie ich immer wieder zum Foto hinübergucke.

»Tolle Hunde, die auf dem Bild, nicht wahr?«

Ich frage mich, wie es wäre, mit so einem Hundeschlittenteam durch die Gegend zu sausen. Wie kriegt man die Hunde wohl dazu, einen zu ziehen?

»Der Hund, der so aussieht wie Acimosis, gefällt mir am besten«, sage ich.

Der Alte stellt zwei Teetassen auf den Tisch. Ich habe ehrlich gesagt keine Lust auf Tee – und auf Tee mit schwarzem Film obendrauf schon gar nicht –, aber ich habe das Gefühl, ohne Tee gibt es keine Geschichte, und die will ich schon gerne hören. Der Alte schüttet Wasser aus dem Zinkeimer neben der Tür in den Kessel auf dem Ofen, aber es kommen nur ein paar Tropfen heraus. Er reicht mir den Eimer, und dann schnappt er sich selbst einen und geht nach draußen. Ich folge ihm.

Sein Wassertank muss wohl leer sein oder die Wasserleitungen gefroren. Ich bereite mich schon innerlich darauf vor, bei den Nachbarn anzuklopfen und nach Wasser zu fragen. Ganz schön peinlich. Mom hat immer mich geschickt, wenn unsere Wasserleitungen gefroren waren. Jedes Mal, wenn es minus vierzig Grad Celsius oder kälter war, kamen wir nicht drum herum, bis wir im Kriechkeller endlich extra Isolierungen angebracht haben. Jetzt passiert es zum Glück nicht mehr.

Der alte Mann geht allerdings nicht zu den Nachbarn. Er

schlurft einen tief in den Schnee getretenen Trampelpfad entlang, geht am Hundehütten-Friedhof vorbei und verschwindet im Busch.

Der Busch. Mist. Der Wald ist dicht und dunkel, und die Fichten sehen unheimlich aus mit den neongrünen Flechten, die von den Ästen hängen wie schlechte Halloween-Dekorationen.

Acimosis taucht zwischen den Bäumen auf und ist dann plötzlich wieder verschwunden wie ein geisterhafter, goldblonder Wolf. Wo will der Alte denn hin? Ich flippe fast aus vor Angst, dabei weiß ich genau, dass ich mir die Angst selbst eingeredet habe. Obwohl, wenn ich es mir genau überlege, hat Mom Schuld mit dem geheimnisvollen Versprechen, für das sie mir keinen Grund nennen will.

Acimosis läuft mir entgegen und stupst mich mit seiner Nase an, als ob er fragen würde, wann ich denn endlich komme. Ich bücke mich, um ihn zu streicheln, und fühle mich gleich ruhiger.

Der Alte kommt mir entgegen, sein Eimer ist bis zum Rand voller Wasser, in dem kleine Eisstückchen schwimmen. Ich bin wirklich dämlich! Er ist nur zum See gegangen, um Wasser zu holen. Natürlich! Er kann überhaupt kein fließendes Wasser haben. Seine Hütte ist viel zu nahe am Boden gebaut, da passt gar kein Wassertank drunter. Und er hat auch kein Waschbecken. Deshalb hat er ja all die Waschschüsseln.

Auf einmal ist es nichts weiter als ein schöner Wintertag; die Sonne glitzert durch die Bäume und spiegelt sich in den Eiskristallen auf dem See, sodass es aussieht, als ob Millionen winziger Sonnen im Schnee leuchten.

Ich renne zum See, um meinen Eimer zu füllen. Zuerst kann

ich das Wasserloch nicht finden. Dann entdecke ich einen rostigen Eismeißel neben einem Haufen Schnee. Als ich mit meinem Fuß im Schnee herumstochere, stoße ich auf etwas Hartes: zwischen zwei Sperrholzplatten ist ein Stück Styropor befestigt. An einem Ende hängt eine Schnur. Wenn ich daran ziehe, geht eine Falltür in den See hinein auf. Ich verstehe: so friert das Wasserloch nicht zu – oder zumindest nicht so schnell. Als ich meinen Eimer in das Wasserloch tauche, brennen meine Hände vor Kälte, als ob mich jemand mit tausend kleinen Nadeln stechen würde.

Ich laufe zurück zur Hütte und lass mich auf den Küchenstuhl fallen. Als der Alte mir eine Teetasse zuschiebt, umklammere ich sie äußerst dankbar. Nie hätte ich mir vorstellen können, wie wunderbar eine Tasse Tee doch sein kann!

Der Alte zündet seine Pfeife an und starrt schweigend auf das Foto an der Wand.

»Der Hund da, das war ein verdammt guter Hund. Hat allein so viel gezogen wie sonst zwei Hunde zusammen. Klug war er auch. In den alten Zeiten hatten die Toboggans keine Bremsen, weißt du. Da mussten die Hunde einem genau gehorchen. Du hast ihm gesagt, er soll anhalten, und er hat sich, ohne zu zögern, in den Schnee gesetzt. Wie eine eiserne Statue saß er da. Hat sich nicht einen Zentimeter bewegt, bis man ihm sagte, es geht weiter. Du konntest nach deinen Fallen sehen oder das Fischernetz aus dem Wasser ziehen, und er saß einfach da und wartete. War der ganze Stolz meines Vaters, der da.«

»Hören nicht alle Hunde im Team auf Kommandos?«

»Nicht wie der Leithund. Das war immer ein besonderer. Wenn du einen guten Hund hast, willst du viele, viele Nachkommen von ihm haben. Sein Stammbaum ist über den ganzen Norden verteilt, seine Nachkommen waren Traplinehunde, Frachthunde und später auch Rennhunde. Einer seiner Enkel hat das große Rennen in The Pas gewonnen, ein richtiger Weltmeister.« Der Alte lächelt vor sich hin, als ob er selbst gerade Weltmeister geworden wäre. »Das war ein Hund. Unglaublich. TwoDog haben wir ihn genannt. Ich habe nie wieder einen wie ihn gesehen.«

Ich habe immer gedacht, dass Schlittenhunde einfach nur Transportmittel waren, so wie Schneemobile und Autos heute. Aber niemand redet so über seinen Wagen oder sein Skidoo wie der Alte über seine Hunde – außer vielleicht Leons älterer Bruder. Der nennt seinen Van »Babe«, obwohl »Oma« wohl der bessere Name wäre, so rostig, wie der Wagen ist. Trotzdem ist es nicht das Gleiche. Wenn dein Auto versagt oder kein Benzin im Tank mehr hat, lässt du es stehen und fährst per Anhalter zurück nach Hause. Aber damals hatten sie nur die Hunde, und die Chance, dass mal jemand vorbeikommt und dich mitnimmt, war vermutlich gleich null. Wobei, bei den Hundeteams konnte ja auch nichts Mechanisches kaputtgehen, so wie bei Autos.

»Ist Acimosis auch einer seiner Enkel?«

»Nee, nee. TwoDog geht noch viel weiter zurück. Aber Acimosis ist ein Rückschlag zu dem alten Stammbaum. Sein Vater und er selbst sehen so aus wie TwoDog.« Der Alte sieht aus dem Fenster. Acimosis hat sich neben der Hüttenwand zusammengerollt. »Er ist der Letzte seiner Art. Keiner will heute noch Hunde aus der alten Zeit.«

»Warum denn nicht?« Plötzlich habe ich einen Kloß im Hals.

Der Letzte seiner Art. Das hört sich so traurig an. Ich frage mich, ob er weiß, dass bei ihm der Stammbaum endet. Aber dann komm ich mir albern vor. Vor zwei Wochen war Acimosis nur irgendein Hund; was geht mich also seine Vergangenheit an und was sein Urururugroßvater gemacht hat? Das Dumme ist nur, ich werde einfach das Gefühl nicht los, dass es mich sehr wohl etwas angeht.

Und das traurige Gefühl kommt nicht nur von Acimosis. Mir wird auf einmal klar, dass es keine Hunde wie Acimosis mehr gibt, weil es eben auch keine alten Männer wie Jack mehr gibt, die mit dem Hundeschlitten Fallen stellen und fischen gehen. Heutzutage benutzen alle Skidoos.

In der Schule bringen sie uns bei, dass im Winter Hunde-schlitten das Haupttransportmittel waren, aber was sie uns nicht beibringen, ist, wie es ist, wenn man ein Hundeteam hat, das ganz besonders ist. Und plötzlich habe ich eine großartige Idee.

»Du hattest doch auch Schlittenhunde, richtig?«

»Seit ich neun Jahre alt war.« Er lehnt sich gegen die Hüt-tenwand und sieht aus dem Fenster, als ob er dort draußen sein neunjähriges Selbst finden könnte.

Ich würde ihn gerne fragen, ob er seinen Schlitten und die Hundegeschirre noch hat und ob er glaubt, ich könnte ein Hun-deschlittenteam trainieren, aber seine Gedanken sind woanders. Also bleibe ich still und warte auf eine seiner Geschichten. Ob-wohl ich bei der bloßen Vorstellung, mit Schlittenhunden zu fahren, so aufgeregt bin, dass ich kaum still sitzen kann.

»Wir haben damals nicht das ganze Jahr über hier in Poplar Point gewohnt, weißt du.«

»Ja, weiß ich. Du hast auf deiner Trapline gelebt«, antworte ich, und dann merke ich sofort, dass er natürlich weiß, dass ich das weiß. Es ist einfach seine Art, mit dem Geschichtenerzählen anzufangen.

»Jeden Herbst beluden wir unser altes Kanu, bis es kaum noch schwamm. Damals hatten wir noch Kanus aus Holz und Leinwand, und ich kann mich auch noch daran erinnern, das eine oder andere Birkenrindenkanu gesehen zu haben. Aber das ist eine andere Geschichte.

Mein Vater saß immer hinten am Zwei-PS-Motor. Meine Mutter in der Mitte mit den Mehlsäcken, und meinen Schwestern und ich ganz vorne. Mein Job war es, aufzupassen, dass die Welpen keinen Unfug anstellten. Der Motor konnte das schwer beladene Kanu kaum vorwärtsbewegen, aber irgendwie sind wir immer angekommen.«

»Wo waren denn die erwachsenen Hunde? Waren die auch alle im Boot?«

»Nur, wenn Dad einen ganz besonderen Leithund hatte, durfte der ins Kanu. Die anderen liefen am Ufer entlang. Ich habe mich immer um die Hunde gekümmert. Ach, was waren die froh, endlich wieder laufen zu können nach dem langen Sommer auf Dog Island.«

»Dog Island?«

»Die große Insel, gegenüber vom Trading Post. Dort haben wir die Hunde gelassen. Alle zwei Tage haben wir ihnen Fisch gebracht.«

Ich habe schon wieder tausend Fragen, aber ich weiß, diese Geschichte ist nicht über die Insel der Hunde, also unterbreche ich ihn nicht.

»Ich hatte damals einen Lieblingshund. Mein Vater nannte ihn Bowl Cleaner.«

»Napfputzer?«

Der Alte lacht. »Ja, das konnte er gut. Als Leithund war er allerdings nicht so gut. Faul war er auch. Hat für drei gefressen, aber kaum für einen gezogen.

Eines Nachts hat uns das Bellen der Hunde aufgeweckt. Da war etwas beim Räucherzelt. ›Na, wenn das mal kein Bär ist‹, sagte mein Vater und schnappte sich sein Gewehr. Sie kamen immer im Herbst, die Bären. Folgten den Fluss- und Seeufern, wollten sich noch schnell den Speck für den Winterschlaf anfressen.

Na, auf jeden Fall beobachteten wir Kinder die ganze Szene aus dem Fenster. Der Bär rannte plötzlich auf meinen Vater zu und sprang ihn an. Meine Schwestern schrien. Jetzt gleich würde der Bär wohl meinen Vater töten. Aber mein Vater lachte nur und umarmte den Bären.«

»Was?!«

Der Alte lacht. »Es war kein Bär. Es war Bowl Cleaner, der sich den Fisch aus dem Räucherzelt geschnappt hat. Wir konnten uns vor Lachen kaum auf den Beinen halten, und Bowl Cleaner ist noch mal ohne eine Tracht Prügel davongekommen. Na, zumindest dieses Mal.«

Ich versuche mir vorzustellen, wie das wohl wäre, mitten im Nichts in einer Einzimmerhütte zu wohnen, so wie die des alten Mannes, ohne Nachbarn weit und breit. Kein Supermarkt. Keine Schule. Ich kann mich nicht entscheiden, ob es ein Traum oder ein wahrhaftiger Albtraum wäre. Fische fangen, das wäre schon cool. Aber sie dann auszunehmen, mit nach Fisch stinkenden Händen, und sie übers Feuer zu hängen und dabei zuzusehen, wie sie in sich zusammenschrumpeln und ganz braun vom Rauch werden … nicht so cool. Obwohl ich geräucherten Fisch gerne esse.

Ich glaube, mir hätte die Arbeit mit den Hunden gefallen. Vor allem, wenn alle Hunde so wie Acimosis wären – groß, aber sehr lieb. Acimosis sieht mich immer so an, als ob er mir direkt in die Seele gucken könnte. Was ich so toll finde, ist, dass ihm das, was er sieht, nichts auszumachen scheint, und das fühlt sich gut an. Er mag mich, so wie ich bin. Es ist, als ob ich ihm alles über mich erzählen könnte, selbst all die gemeinen Dinge, die ich getan habe – wie zum Beispiel, dass ich ihn an seinem Schwanz gezogen habe oder dass ich meine Cousine mal »Bibergesicht« genannt habe wegen ihrer riesigen Schneidezähne –, und er würde mich trotzdem noch mögen.

»Erzähl mir von den Hunden«, bitte ich den alten Mann.

»Wenn der See noch nicht ganz zugefroren war, hat Vater seine Fallen immer nah bei der Hütte aufgestellt, sodass wir sie zu Fuß kontrollieren konnten. Ich habe immer die Schlingenfallen für die Hasen, aus denen Mutter dann Eintopf gekocht hat, gesetzt. Meine Schwestern haben Mutter dabei geholfen, die Elchhäute zu gerben, sodass sie dann neue Mokassins und Mukluks für den bevorstehenden Winter machen konnten.

Die Hunde schliefen oder haben beobachtet, was wir machten. Doch sobald der erste Schnee fiel, wurden sie unruhig, haben den ganzen Tag gebellt und Heulkonzerte gesungen.«

»Warum? Wussten sie, dass sie bald angespannt werden? Mochten sie es?«

»*Mochten sie es?* Sie konnten es kaum erwarten. Das ist in ihrem Blut. Dafür sind sie gezüchtet. Um das Laufen zu lieben.

In dem Jahr, von dem ich dir gerade erzähle, war ich noch unruhiger als die Hunde. Mein Vater hatte mir meine eigene Trapline und mein eigenes Team versprochen. Im Herbst habe ich ihm geholfen, einen Toboggan zu bauen. Genauso wie seiner, nur ein bisschen kleiner und leichter.«

»Wie baut man so einen Schlitten?«

»Wenn du mich nicht immer unterbrichst, findest du es schon heraus.« Der Alte schlürft genüsslich seinen Tee.

Hör auf, so ungeduldig zu sein, sage ich mir, aber ich will einfach so viel wissen.

»Um einen Toboggan zu bauen«, nimmt der Alte den Faden wieder auf, »muss man zuerst eine Birke finden, die groß und gerade ist. Wir mussten weit laufen, mein Vater und ich. Damals hatten wir keine Kettensäge, weißt du? Also hat mein Vater den Baum mit der Axt gefällt, dann hat er den Stamm mit Holzkeilen gespalten. Das war viel Arbeit, damals. Aber nicht so viel Arbeit wie das Abkratzen des Felles von der Elchhaut und das Gerben. Ich war froh, dass ich ein Junge war, und manchmal glaubte ich, meine ältere Schwester wünschte sich, auch einer zu sein. Sie war immer besser mit der Axt als mit der Nähnadel, aber das ist eine andere Geschichte.

Wir haben die Bretter gekocht, um sie weich zu machen, und dann um einen Baum gebogen, um die Krümmung vorne am Schlitten zu erhalten. Dann haben wir sie mit Elchsehnen festgebunden, damit die Biegung auch bleibt. Das war mein erster Schlitten. Bowl Cleaner und TwoDog waren mein erstes Team.«

»TwoDog? Das war dein Hund?«

»Als er noch zu jung war, um in Vaters Team mitzurennen. Ich habe Bowl Cleaner und TwoDog in ihrem ersten Winter trainiert. Ich habe sie an meinen kleinen Schlitten gebunden und meine jüngste Schwester draufgesetzt. Ich bin vorweggerannt, und die Hunde mir hinterher. Meine Schwester hat es geliebt.

Aber eines Tages, als wir gerade auf dem Hügel hinter unserer Hütte waren, fingen die Hunde zu Hause an zu bellen. So, wie sie zur Fütterungszeit bellen. Bowl Cleaner und Two-Dog rasten den Hügel so schnell hinunter, dass meine Schwester vom Schlitten fiel. Sie verhedderte sich an einem Seil und wurde hinter dem Schlitten her durch den Schnee gezogen. Die Hunde sind nicht einen Schritt langsamer gelaufen, und als sie schließlich im Hundeyard stehen blieben, waren die Röcke und die Unterhose meiner Schwester voller Schnee. Sie schrie so laut, dass meine Mutter herbeigelaufen kam und mir eine ordentliche Ohrfeige verpasst hat. Aber das hat mir nicht wirklich was ausgemacht, weil ich nämlich in dem Moment wusste, dass Bowl Cleaner und TwoDog eines Tages gute, starke Hunde sein würden.« Der Alte grinst über das ganze Gesicht, sodass ich fast meine, den kleinen Jungen, der er einmal war, in ihm zu sehen. Wir lachen zusammen, als ob die Geschichte gerade eben erst passiert wäre.

Der Alte erzählt mir, wie er seine erste Trapline aufgebaut hat, wie er Hasen mit Schlingen gefangen hat und wie ihm sein erster Luchs in die Falle gegangen ist. Er erzählt, wie er die Tiere gehäutet und die Felle zum Verkauf vorbereitet hat. Aber ich will am liebsten nur Geschichten von den Hunden hören.

Eine Geschichte hat es mir besonders angetan; nämlich die, als er in einen Schneesturm geraten war. Er musste ein Feuer machen und warten, bis der Sturm vorüber war. Es wurde immer später, und Bowl Cleaner wurde ganz unruhig – schließlich war es ja schon lange nach seiner Abendessenzeit, und inzwischen hätte er mit vollem Magen gemütlich in seiner Hütte liegen sollen.

Der Sturm wütete, und er hatte sich in seinem Toboggan zusammengerollt und war eingeschlafen. Plötzlich wurde er von einem Ruck aus dem Schlaf gerissen. Bowl Cleaner zog ihn durch Schnee und Sturm einfach nach Hause. Selbst TwoDog konnte ihn nicht stoppen. Als sie bei der Hütte ankamen, hatte er es noch immer nicht geschafft, aus seinem Schlitten zu klettern und sich auf das Trittbrett zu stellen. Die Hunde zu Hause kündigten ihre Ankunft mit Bellen an, und als sein Vater die Tür aufmachte, rannte Bowl Cleaner in die Hütte – direkt zum Suppentopf auf dem Holzofen. Hätte seine Mutter ihn nicht rechtzeitig erwischt und nach draußen gezerrt, hätte er garantiert den Topf leer gefressen.

Zuerst war ich mir nicht sicher, ob der Alte mir mit der Geschichte nicht einen Bären aufbinden wollte. Er hatte mir doch erzählt, dass es so viel geschneit hat, dass er seine Spuren im Schnee nicht mehr finden konnte. Wenn er es nicht konnte, dann kann es doch ein Hund wohl erst recht nicht, oder? Aber dann hat er auch noch erzählt, dass die Hunde die Portagen zwischen den Seen auch nach einer ganzen Saison noch wiederfinden und sie auch immer noch automatisch an den Stellen anhalten, wo die Fallen im Jahr davor versteckt waren. Außerdem scheinen sie immer den Weg nach Hause zu finden, selbst wenn der Fahrer sich verirrt hat.

Ich höre einer Geschichte nach der anderen zu, bis es in

der Hütte absolut dunkel ist und der Alte seine Öllampe anzündet. Je mehr er erzählt, desto mehr will ich der Junge aus seinen Geschichten sein. Selbst das mit dem Feuerholzhacken und Fischausnehmen würde ich schon irgendwie hinkriegen, weil ich dann nämlich abends gemütlich am Ofen sitzen könnte, meine Fischsuppe löffeln und an all die Abenteuer mit meinen Hunden denken könnte.

»Hast du eigentlich noch deinen alten Schlitten und das Hundegeschirr und all das?«, frage ich ihn am Samstagmorgen, als ich ihn das nächste Mal besuche.

»Da müsste ich mal gucken.« Er erhebt sich mühsam vom Tisch, nimmt seine Öllampe und geht nach draußen.

Hinter der Hütte ist ein fensterloser Schuppen, der noch heruntergekommener aussieht als die Blockhütte selbst. Der Schuppen ist aus dürren Baumpfählen gebaut und hat eine zerrissene Abdeckplane als Dach. Das Gewicht des Schnees droht die ganze Konstruktion zusammenkrachen zu lassen, und ich warte lieber draußen. Aber als der Alte im Schuppen herumzuwühlen beginnt und das Licht von der offenen Tür auf einen Holztoboggan scheint, der genauso aussieht, wie ich es mir vorgestellt habe, kann ich mich nicht mehr zurückhalten. Der Alte schiebt ein Fischernetz aus dem Weg und räumt ein Paar Schneeschuhe aus dem Schlittensack – zumindest nehme ich an, dass es mal ein Schlittensack war. Der ehemals weiße Leinenstoff ist schwarz vor Schimmel, und es sieht so aus, als ob Mäuse Stücke aus dem Stoff geknabbert haben, um damit ihre Nester zu polstern.

Die Schneeschuhe sehen selbst gemacht aus, mit echter Rohhaut statt gelbem Seil. Auch das Fischernetz ist Handarbeit, mit Treibholz als Schwimmkörper und echten Steinen als Beschwerung. Unter der Decke hängt ein altes Kanu, so eines aus Holz, das man nur von alten Fotos kennt.

»Fass mal mit an.« Der Alte lehnt über dem Schlitten und zieht an einer Holzkiste. Wir tragen sie zusammen nach draußen, und ich klappe den Deckel auf.

Die Kiste ist voller Hundegeschirre! Mein Herz klopft wie verrückt. Es sind mindestens sechs oder sieben Zuggeschirre. Eines davon passt Acimosis bestimmt. Würde der Alte mir erlauben, Acimosis anzuspannen?

Ich nehme die Geschirre aus der Kiste. Sie sind ganz schön schwer, wohl wegen des dicken Leders. Unter den Geschirren sind winzig kleine Mokassins, so wie für Babys. Ganz schön viele. Ich hole einen heraus, und er riecht immer noch rauchig, wie handgegerbtes Elchleder, aber da ist auch noch ein anderer Geruch. Wie stinkende Socken, nur süßer.

»Die sind für den Frühling, wenn der Schnee auf dem See geschmolzen ist und das Eis darunter so scharf ist, dass es in die Pfoten der Hunde schneidet.«

»Das sind Hundeschuhe? Cool!« Ich habe bei dem Kanada-300-Rennen schon mal welche gesehen. Das ist das dreihundert Kilometer lange Hundeschlittenrennen, das von Prince Albert nach Poplar Point und wieder zurück geht. »Booties« haben die Musher sie genannt, aber die waren alle aus Stoff, in verrückten Farben wie Pink und Neongrün.

Einmal kam sogar eine Rennfahrerin mit ihren Schlittenhunden zu uns an die Schule. Wir durften den Hunden die Hundeschuhe anziehen und das Geschirr anlegen. Das Geschirr sah auch ganz anders aus. Es hatte nicht so schwere Lederhalsbänder. Ich weiß noch, dass die meisten Kinder Angst hatten, den Hunden zu nahe zu kommen, aber als sie dann im Zuggeschirr waren, wollten doch alle auf den Schlitten und mit den Hunden fahren. Nur drei von uns durften in den Schlitten klettern, dann hat die Musherin die Hunde über den verschneiten Schulhof laufen lassen. Ich hatte Pech und durfte nur zusehen. Wie cool wäre es, wenn ich ganz alleine meinen eigenen Hundeschlitten fahren könnte?

»Können wir Acimosis an deinen Schlitten anspannen?«

Der Alte reißt mir ganz plötzlich die Booties aus der Hand, wirft sie zurück in die Kiste, klappt den Deckel zu und legt das Fischernetz und anderes Zeug obendrauf, als ob er die Kiste verbuddeln wollte.

»Deine Mutter würde das nicht wollen. Das ist alles altes, nutzloses Zeug. Hätte ich schon längst verbrennen sollen.«

Ich fühl mich auf einmal, als ob mir jemand eine Tür vor der Nase zugeschlagen hätte. So viel zu dem Traum, mein eigenes Team zu haben. Der Alte geht in die Hütte zurück, aber ich folge ihm nicht. Ich glaube nicht, dass ihm noch nach Geschichtenerzählen zumute ist, und gerade im Moment will ich auch gar keine mehr hören.

Sobald ich auf der Straße bin, kommt mir die weiße KFC-Karton-Hündin entgegen. Sie läuft leichtfüßig – wie eine Tänzerin –, und ihre Pfoten berühren kaum den Boden. Als sie näher kommt, kauert sie sich vor mich hin, aber ich habe das Gefühl, sie ist schon weniger schüchtern. Ich gehe an ihr vorbei, ohne sie weiter anzusehen. Ich fühle einen Kloß im Hals. Ich hätte ihr den Knochen nicht geben sollen, hätte nicht von meinem eigenen Team träumen sollen. Am Ende der Straße halte ich es nicht mehr aus und drehe mich doch noch mal um. Sie steht noch immer dort, wo ich sie verlassen habe. Selbst auf die Entfernung kann ich sehen, wie sie mich noch immer anguckt. Als ob sie erwartet, dass ich wiederkomme.

Warum lässt der Alte mich seinen Schlitten nicht benutzen?

KAPITEL 8

Plötzlich finde ich mich auf der Lynx Street wieder. Ich weiß selbst nicht, warum ich nicht beim Bear Place abgebogen bin, um nach Hause zu gehen.

Oder vielleicht weiß ich es doch. Als ich das Haus des Alten verlassen habe, wollte ich gleich nach Hause stürmen und Mom fragen, was der Alte über uns weiß und warum sie ihm nicht traut. Das Problem ist, dass ich genau weiß, wie die Unterhaltung verlaufen wird. Wenn sie über irgendwas nicht reden will, dann stellt sie sich immer dumm. *Woher soll ich denn wissen, was er über uns weiß?* Oder: *Wer sagt denn, dass ich ihm nicht traue?* Damit gewinnt sie immer. Es ist den Versuch nicht wert.

Außerdem ist heute Samstag. Samstag ist bei uns Waschtag. Unsere Waschmaschine ist vor ein paar Monaten kaputtgegangen, Mom hat schon eine neue aus dem SEARS-Katalog bestellt, aber die Lieferung lässt auf sich warten. Also müssen wir zum Waschsalon. Es gibt nur einen in Poplar Point, und dort sind sie immer so damit beschäftigt, Wäsche für die Uranminen zu waschen, dass man manchmal Stunden wartet, bis mal endlich eine Waschmaschine frei wird, die nicht kaputt ist. Die Wäschetrockner sind noch viel schlimmer. Ich war jetzt schon so oft im Waschsalon, dass ich genau weiß, welche heiß und schnell trocknen und welche gar nicht trocknen. Aber darum geht es ja auch nicht. Worum es geht, ist, dass ich mich samstags lieber von zu Hause fernhalte – zumindest, bis wir unsere Waschmaschine wiederhaben. Wer sitzt schon gerne im Waschsalon und sieht den dreckigen Socken dabei zu, wie sie Kreise in der Waschmaschine drehen, während Mom durch Poplar Point jagt und ihre Einkäufe macht?

Aber das ist nicht der einzige Grund, warum ich mich plötzlich auf der Lynx Street wiederfinde. Justin war schon die ganze Woche nicht in der Schule. Obwohl mir das ja nicht ganz ungelegen kam, war ich doch irgendwie enttäuscht, als er schon wieder nicht da war. Warum, kann ich mir auch nicht so richtig erklären. Vielleicht ist es einfach langweiliger ohne ihn. Und ich habe irgendwie auch ein bisschen ein schlechtes Gewissen wegen unseres Streits auf dem Schulhof. Ich weiß nur nicht, was ich machen kann, damit es wieder besser wird zwischen uns beiden.

Als ich Acimosis am Schwanz gezogen habe, brauchte ich ihm nur ein paar Sandwiches zu bringen, um wieder Frieden zu schließen. Warum kann es zwischen Menschen nicht genauso einfach sein?

Aber vielleicht ist es ja so einfach! Ich renne nach Hause, so schnell, wie ich kann, schnappe mir meine Schlittschuhe und meine Hockeyschläger. Justin hat seinen Schläger gleich im ersten Spiel der Saison zertrümmert. Er war schon alt, aber Justin hat auch extrem hart gegen den Pfosten geschlagen, als das gegnerische Team ein Tor gemacht hat. Dabei war es noch nicht mal ein richtiges Spiel; nur Justin und ich gegen zwei andere Jungen. Justin hat seitdem nicht mehr gespielt. Wie denn auch, ohne Schläger? Aber ich habe inzwischen einen neuen Hockeyschläger bekommen. Mom hat ihn mir gekauft, als sie mich im Haushaltswarenladen damit herumspielen gesehen hat. Er ist nicht wirklich was Besonderes, aber hundertmal besser als mein alter.

Justins Haus ist von der Schule aus gesehen das zweite auf der Lynx Street. Obwohl ich normalerweise oft da bin – wegen der Xbox von seinem älteren Bruder –, gehe ich nicht wirklich gerne hin. Justins Vater spricht immer so mit mir, als ob wir beste Freunde wären, was ja eigentlich okay ist, aber manchmal sagt er Sachen, bei denen ich einfach nicht weiß, was ich dazu sagen soll.

Einmal hat er gesagt, dass er sich wünschte, Justin wäre so ein lieber und kluger Kerl wie ich. Das Schlimme war, dass Justin direkt danebenstand. Ich tue immer so, als ob ich nicht hören würde, was er sagt. Justin versucht immer so verdammt hart, seinen Vater zu beeindrucken, aber er findet immer was auszusetzen.

Heute habe ich wirklich keine Lust, seinem Vater zu begegnen, also gehe ich einfach um das Haus herum und klopfe an Justins Fenster. Die zerbrochene Hälfte ist mit einer Spanholzplatte repariert. Ich gucke durch die Glasseite, aber ich sehe ihn nicht im Zimmer. Ich schiebe das Fenster auf und lasse meinen Hockeyschläger durch die Öffnung fallen. Justin wird genau wissen, von wem er ist. Vor ein paar Jahren hat er *Justin Rules* auf meinen Schläger geschrieben, und obwohl ich versucht habe, es wegzuwischen, kann man es immer noch sehen.

Ich gehe zum Eishockeyplatz hinter der Schule. Die Spielfläche ist voller Schnee, also schnappe ich mir die rostige Schneeschaufel, um das Eis freizuschaufeln. Die eisige Luft prickelt stechend in meiner Nase, aber es fühlt sich trotzdem gut an. Erfrischend.

Ich skate, so schnell ich kann, während ich den Puck vor mir herschiebe. Mit jedem Schlag denke ich darüber nach, wie ich mich am besten mit Justin wieder vertragen kann.

*Tut mir ja echt leid, dass ich dich geschlagen habe. Aber das,
was du mit dem Hund gemacht hast, das war echt Scheiße.*

Der Puck prallt vom Torpfosten ab.

*Hey, was ist denn los mit dir in letzter Zeit? Du weißt, dass du
mit mir reden kannst, ja?*

Diesmal fliegt der Puck über das Tor hinweg und landet im
tiefen Schnee. Ich höre mich an wie unser Schulpsychologe.

»Sieht so aus, als könntest du 'ne Abreibung vertragen.«

Ich erstarre, als ich Justins Stimme höre, was wirklich dumm
ist, wenn man auf Schlittschuhen steht, weil ich nämlich einfach
weitergleite, bis ich das Ende der Eisfläche erreiche. Justin lacht
laut auf, als ich das Gleichgewicht verliere und in die Schneebank kippe.

»Gibst du schon auf, oder was?«

»Hör mal, ich will mich nicht …« Ich wollte schon *mit dir
prügeln* sagen, als ich sehe, dass Justin sich seine Schlittschuhe
anzieht. Ich komme mir wie ein Idiot vor.

»Was willst du nicht? Verlieren?«

»Als ob das jemals passieren würde.«

Ich schlage den Puck hart, und er gleitet übers Eis in das Tor
auf der gegenüberliegenden Seite. Ich weiß, dass ich der bessere
Hockeyspieler von uns bin, und Justin weiß es auch.

Aber er spielt verbittert und mit aller Kraft. Wir skaten,
schießen Tore, ringen miteinander; wieder und wieder, bis es
so dunkel ist, dass wir den Puck kaum noch sehen können. Der
Spielstand ist 18:18, und wir spielen härter als zuvor, aber keiner
macht noch ein weiteres Tor.

»Auszeit!«, rufe ich und lass mich aufs Eis fallen. Ich liege
einfach so da, auf meinem Rücken; die Arme wie Flügel ausge-

streckt. Der Mond ist noch nicht aufgegangen, und die Sterne leuchten hell und klar.

»Hey! Da ist 'ne Sternschnuppe! Wünsch dir was! Schnell!« Mist! Das ist mir einfach so herausgerutscht. Meine Mutter hat es immer zu mir gesagt, als ich noch klein war, und ich habe mir immer was gewünscht, selbst als ich schon älter war und nicht mehr daran geglaubt habe, dass meine Sternschnuppenwünsche jemals in Erfüllung gehen. Um ganz ehrlich zu sein, wünsche ich mir immer noch was, nur für den Fall …

Justin setzt sich neben mich. »Fragst du dich eigentlich jemals, was dort oben ist?« Und dann, nach einer Weile. »Manchmal wünsche ich mir, ich könnte ein Stern sein, ein kleines Licht in der Dunkelheit, und niemand – niemand – könnte mir jemals was anhaben.«

Ich weiß nicht, was ich sagen soll, und bevor mir was einfällt, ist der Moment schon verstrichen.

»Gibst du einfach auf, oder spielen wir noch zu Ende?« Justin schubst mich mit dem Ellbogen.

Ich springe auf und halte meinen Schläger griffbereit. »Das nächste Tor gewinnt!«

Wir gleiten übers Eis, kabbeln uns um den Puck. Diesmal aber weniger hart. Es ist fast so, als ob jeder den anderen gewinnen lassen will. Ich skate gerade Richtung Tor, als ich den Hund sehe. Es ist die schmutzig-weiße Hündin, der ich den Knochen gegeben habe. Ich schieße schnell das letzte Tor und reiße meine Arme hoch.

»Game over!« Ich werfe Justin einen flüchtigen Blick zu; hoffe, er hat sie nicht gesehen. Hat er aber.

»Hey!« Er hebt seinen Hockeyschläger und geht auf die

Hündin zu. »Was fällt dir ein, dich an mich heranzuschleichen wie ein verdammter Wolf? Na warte, ich zeig's dir!«

»Warte!«, schrei ich und zerre an seinem Schläger. »Die ist in Ordnung. Sie gehört zu mir.«

»Sie? Was hast du denn mit dem Straßenköter zu schaffen?«

»Sie ist mein Leithund. Oder zumindest hoffe ich, dass sie's mal sein wird. Ich bin gerade dabei, ein Schlittenhundeteam aufzubauen. Wie damals … weißt du noch, als wir immer bei den Rennen zugesehen haben? Das will ich auch. Hunderennen fahren. Früher gab's hier mal 'ne ganze Menge Schlittenhunde. Ich wette, die Hälfte der Streuner haben Schlittenhund in den Genen. Also, ich schaff mir auf jeden Fall mein eigenes Team an, vielleicht vier oder fünf Hunde, erst mal so zum Anfangen.«

»Was? Spinnst du?« Justin guckt mich an, als ob ich ihm gerade erzählt hätte, ich hätte vor, zum Mond zu fliegen. Um ganz ehrlich zu sein, bin ich fast genauso überrascht wie Justin. Mir war noch nicht mal klar, dass ich das wirklich wollte, aber jetzt, wo ich es laut ausgesprochen habe, klingt es vollkommen logisch.

»Wann bist du denn darauf gekommen?«

»Ich weiß nicht … gerade eben.«

Ich will ihm nicht von Acimosis erzählen und auch nicht von dem Alten. Außerdem ist es noch nicht mal wirklich gelogen. Der Gedanke, dass KFC-Hund meine Leithündin sein könnte, kam mir wirklich erst jetzt. Ich schau zu ihr hinüber, und sie wedelt schüchtern mit dem Schwanz.

Justin lacht, aber seine Augen funkeln drohend.

»Na gut. Wo ist denn dein … wie nennt man das? Das Ding, wo die eingespannt werden?«

»Zuggeschirr?«

»Ja, wo ist denn dein Zuggeschirr? Lass uns sie anspannen und gucken, wie sie so zieht.«

»Ich hab noch keins.«

»Ein Stück Seil werden wir ja wohl finden. Ich hab schon die Peitsche.« Justin macht ein paar Schritte ins Gebüsch und bricht eine Weiderute ab.

KFC-Hund kauert sich in den Schnee, als sie den Ast durch die Luft zischen hört, und kriecht von uns weg. Justin grinst. Ich fühle, wie mein Mund plötzlich ganz trocken wird. Das ist nicht gut.

»Ich mein's ernst, Justin. Ich will das wirklich. Ich krieg schon irgendwie einen Schlitten und Geschirr und all das … eine Peitsche brauche ich, glaube ich, nicht.«

»Echt jetzt? Du willst also ein Musher werden? So wie der Typ in *Wolfsblut* – oder wie heißt der bescheuerte Film?«

»*Wolfsblut.*« Es überrascht mich, dass Justin den Film gesehen hat. Ich habe mir gerade erst das Buch aus der Schulbücherei ausgeliehen. Es war das einzige über Schlittenhunde, das ich gefunden habe. Das Buch ist schon ziemlich alt und schwierig zu lesen, aber beim Lesen ist man sozusagen im Kopf des Wolfshunds, und das ist ziemlich spannend. Hoffentlich ist Happy ein bisschen einfacher zu trainieren als Wolfsblut. Happy. Hm … Ob sie den Namen wohl mögen würde?

»Happy«, rufe ich leise, um auszuprobieren, wie der Name klingt. Happy wedelt mit dem Schwanz.

»Was hast du gesagt?«

»Sie heißt Happy«, erkläre ich Justin.

»Also, wenn du mich fragst, ist die nur happy, wenn sie ein

Stück von deinem Hintern im Maul hat. Und was mich anbelangt, bin ich nur happy, wenn die da mindestens eine Meile weit weg ist.« Justin hebt wieder drohend die Weidenrute.

»LASS SIE IN RUHE!«, sage ich, lauter als beabsichtigt.

»Dann hau doch ab und unterhalt dich mit deinem blöden Köter!« Justin schleudert den Hockeyschläger, den ich ihm geschenkt habe, ins Gebüsch. »Ich wünsch dir noch ein schönes Leben.«

Er geht mit hängenden Schultern die Straße entlang, ohne sich noch einmal umzusehen.

Ich sehe ihm nach und frage mich, warum er so sauer ist. Was ist schon dabei, wenn Hunde nicht sein Ding sind? Deshalb muss er doch nicht so wütend auf mich werden.

Happy kommt unsicher auf mich zu. Ich knie mich hin und streichle sie sanft. Sie drückt sich gegen mich und wedelt so kräftig mit dem Schwanz, dass es sich anhört, als würde sie gegen mein Bein trommeln. Ich muss lachen und fühl mich gleich ein bisschen leichter.

Happy läuft mir hinterher, als ich mich auf den Nachhauseweg mache. Als ich bei unserer Eingangstür angekommen bin, ist sie immer noch da.

»Warte mal kurz hier, ja?«, sage ich. Happy legt ihre Ohren an. Sie kauert sich nieder und wedelt mit zwischen die Beine geklemmtem Schwanz. Es ist, als ob sie immer ganz schüchtern wird, wenn ich sie direkt anspreche. Vielleicht weiß sie nicht genau, ob sie Grund hat, sich zu freuen; ob sie mir vertrauen kann.

Mom guckt die Nachrichten, als ich hereinkomme. Ich schleiche mich in die Küche und fülle einen Teller mit Essensresten von gestern. Dann gehe ich schnell in mein Zimmer und mache die Tür hinter mir zu. Ich rufe Happy von meinem geöffneten Fenster aus. Sie wedelt wieder ganz schüchtern mit dem Schwanz, kommt aber nicht in unseren Hof, bis ich ein Stück Schweinekotelett aus dem Fenster werfe. Sie schnappt es sich, und dann rennt sie schnell zur Straße zurück, wo sie es gierig herunterschlingt. Das zweite Stück frisst sie direkt unter meinem Fenster.

»Guter Hund!«, lobe ich sie. »Du kannst jederzeit wiederkommen, ja?«

Ich rede mit ihr durch das Fenster, bis sie sich neben unserer Hauswand zusammenrollt und die Schnauze unter den Schwanz steckt. Mein Bett ist genau neben ihr – nur durch die Wand getrennt. Kurz bevor ich einschlafe, höre ich, wie sie auf leisen Pfoten davontapst. Mein letzter Gedanke ist, wie einfach es ist, sich mit einem Hund anzufreunden, und wie schnell man doch einen menschlichen Freund verlieren kann.

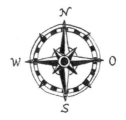

KAPITEL 9

Es ist wieder Samstag. Obwohl wir nur minus zwölf Grad Celsius haben und die Sonne scheint, gehe ich in die Bücherei. Ich will wissen, wie man Hundegeschirr macht, und am einfachsten ist es, im Internet nachzugucken. In der Bücherei gibt es sechs öffentliche Computer mit Highspeed-Internet.

Ich habe zwar immer noch keinen Hund, aber seitdem ich Justin letzte Woche erzählt habe, dass ich mein eigenes Hundeteam haben werde, kann ich an nichts anderes mehr denken. Nicht, dass Justin das interessieren würde ... Seit unserem Streit haben wir nicht mehr miteinander geredet. Auch den Alten habe ich seitdem nicht mehr gesehen. Wenn ich sein Zuggeschirr nicht benutzen kann, dann mache ich eben mein eigenes. Vielleicht kann ich es ja an Happy ausprobieren.

Kurz vor der Bücherei sehe ich einen weißen Hund mit leerer Chipstüte im Maul. Ist schon irgendwie witzig, wie sich meine Wahrnehmung verändert hat, seitdem ich mich für Hunde interessiere. Wenn ich aus den Augenwinkeln einen Hund sehe, drehe ich mich immer sofort nach ihm um. Wenn er weiß ist, schlägt mein Herz gleich viel schneller, aber meistens ist es nicht Happy. Ganz schön krass, wie viele Hunde durch Poplar Point streunen. Habe ich sie vorher nie bemerkt? Oder sind einfach mehr auf den Straßen unterwegs, jetzt, wo es Winter ist und Futter vielleicht nicht so leicht zu finden ist?

Dieses Mal habe ich Glück. Der weiße Hund ist Happy – na

klar, wer sonst rennt denn mit einer Chipstüte durch die Gegend? Ich sehe mich schnell um, ob jemand in der Nähe ist, der ihr Besitzer sein könnte, aber wie immer ist sie allein unterwegs.

»Hey, Happy!«

Sie dreht sich sofort um, als sie meine Stimmer hört, und es kommt mir beinahe so vor, als ob ihre Schnauze sich zu einem Lächeln verzieht.

Ich streichle sie, und dann frage ich sie, wie ihr das wohl gefallen würde, ein Schlittenhund zu sein. Sie wedelt schüchtern mit dem Schwanz. Ein vorsichtiges Ja? Oder hat sie die Frage nicht verstanden?

»Denk drüber nach, ja?« Ich drehe mich noch mal um, als ich die Tür der Bücherei erreiche. »Du und ich, wir kriegen das schon irgendwie hin.«

Happy sitzt an der Tür, als ich wieder herauskomme. Hat sie die ganze Zeit dort gewartet, während ich recherchiert habe und meine Skizzen mit Abmessungen auf ein Stück Papier gekritzelt habe?

Es hat eine Weile gedauert, weil ich immer schnell zu einem Computerspiel gewechselt bin, wenn jemand, den ich kannte, vorbeikam, und dann habe ich auch immer noch ein bisschen gespielt, wo ich schon mal dabei war. Na ja, jedenfalls gab es eine ganze Menge verschiedener Geschirre im Internet. Einige waren sogar gestrickt, aber die waren eher für verwöhnte kleine Schoßhunde. Am liebsten hätte ich ja Geschirre wie die des Alten. Mit Elchleder und steifem Halsband, dass für jeden einzelnen Hund extra angepasst wird. Aber so eins kann ich nicht so einfach herstellen. Elchleder ist nicht so leicht zu bekommen und superteuer, wenn man es im Trading Post kauft. Letztendlich habe ich dann doch noch eine Anleitung gefunden, wie man ganz einfach ein Geschirr aus Gurtband machen kann. Ich habe genau aufgeschrieben, wie man den Hund misst, und dann auch noch die Anleitung, wie man es zusammennäht, kopiert.

»Na, mein Mädchen?«, sage ich, als Happy um mich herumtänzelt. Ich sag es ganz leise und gucke sie auch nicht an, weil gerade so viele Leute auf der Straße sind. Es macht mich sehr glücklich, dass sie mir so einfach hinterherläuft, aber ich habe auch ein bisschen ein schlechtes Gewissen, weil sie eben doch noch jemandem gehören könnte. Sie hat kein Halsband, aber das heißt hier nichts. Die Hälfte der Hunde hat keines.

»Geh ruhig nach Hause, wenn du eines hast, okay?« Sie läuft vor mir her, und plötzlich steckt sie ihren Kopf in die Schneebank am Straßenrand und fängt wie wild an zu buddeln. Triumphierend taucht sie mit einer Chipstüte wieder auf. Ich frage mich, ob es die gleiche wie vorhin ist, die sie nur verbuddelt hat, wie andere Hunde ihre Knochen vergraben. Happy guckt mich an, als ob sie sagen wollte: *Guck mal, was ich gefunden habe!*. Dann hält sie die Chipstüte geschickt mit ihrer Pfote fest und reißt sie vorsichtig mit den Zähnen auf. Sie leckt das Salz ab, als ob es das Beste überhaupt wäre. Ich kann mir ein Lachen nicht verkneifen, als ich an ihr vorbeigehe. Happy schnappt sich ihre Tüte, und dann stürmt sie voran. Als sie genug Vorsprung hat, fängt sie die ganze Prozedur wieder von vorne an.

»Warte, ich kauf dir noch mehr.« Ich gehe zu *Andy's Tankstelle* und wähle Chips mit Barbecuegeschmack. Dann fische ich mein Kleingeld aus der Tasche, aber als ich bezahlen will, fällt mein Blick auf eine Packung Dörrfleisch. Ich tausche die Chips gegen das Dörrfleisch und reiche dem Kassierer mein Geld.

»Darf es sonst noch was sein?«

»Nee danke.« Aber plötzlich habe ich eine noch bessere Idee. »Warte mal, habt ihr auch Hundefutter?«

»Ist das dein Hund? Dann sag ihm mal, er soll aus meiner Mülltonne verschwinden.«

Ich sehe, wie Happy Stück für Stück Müll aus der Tonne zieht. Ganz behutsam lässt sie die Stücke zu Boden fallen und beschnuppert jedes einzelne ausgiebig. Dann sucht sie sich ein neues heraus.

»Um … nee, die gehört mir nicht. Keine Ahnung, wo die herkommt. Du vielleicht?«

»Ich dachte, die gehört zu dir. Wird Zeit, dass sie mal wieder einen Dog-Shooting-Tag einlegen. Die Streuner fangen an, sich in Rudeln zusammenzutun.«

Ich fühle, wir mir plötzlich das Blut in den Kopf schießt und mein Herz so wild zu schlagen anfängt, dass mir fast schwindelig wird. Dog-Shooting-Tag! Wie konnte ich das vergessen? Ist ja schön und gut, wenn Happy mir hinterherläuft, wie auch immer es ihr gefällt, aber wenn sie am Tag der Hundejagd frei auf der Straße herumläuft, dann wird sie natürlich erschossen. Plötzlich habe ich es so eilig, dass ich fast vergesse, für das Trockenfleisch zu zahlen.

»Komm, Happy!«

Happy lässt von ihrer Chipstüte ab und folgt mir. Ich renne, so schnell ich kann, die Straße entlang. Ich habe das schreckliche Gefühl, dass ich dringend etwas tun muss, um Happy zu retten. Plötzlich komme ich mir blöd dabei vor, dass ich den ganzen Tag in der Bücherei verschwendet und davon geträumt habe, ein Musher zu werden.

KAPITEL 10

»Warum kann ich sie nicht behalten?« Ich gebe mir allergrößte Mühe, mein bestes Bettelgesicht aufzusetzen, aber es hat keinen Zweck; Mom gibt einfach nicht nach.

»Du hast ja noch nicht mal eine Hundehütte. Und wie willst du das Hundefutter bezahlen? Außerdem weißt du doch überhaupt nicht, wo der da herkommt. Vielleicht vermisst ihn ja gerade irgendein Kind.«

»Sie.«

»Sie? Der gehört einer Frau? Wessen Hund hast du da?«

»Nein, Mom. Happy ist eine Sie, und ich glaube nicht, dass sie irgendwem gehört.«

»Und woher weißt du dann, dass sie Happy heißt?« Sie sieht mich herausfordernd an.

Zwecklos. »Vergiss es einfach. Ich finde schon ein Zuhause für Happy.« Ich stehe vom Tisch auf, obwohl ich genau weiß, dass Mom Blaubeerkuchen zum Nachtisch gemacht hat. Mir ist der Appetit vergangen.

»Bevor du jetzt zur Tür rausstürmst, verrate mir doch bitte, was mit deiner Jeans passiert ist, die in der Mülltonne liegt.«

»Die war alt und verschlissen. Ich habe sie zerschnitten.«

»Zerschnitten?«

»Um ein Zuggeschirr für Happy zu machen.«

»Zuggeschirr? Denk lieber nicht daran! Und zu Jack gehst du auch nicht mehr, wenn er dir solche Flausen in den Kopf setzt.«

83

»Der hat damit überhaupt nichts zu tun!« Ich fühle, wie die Wut in mir aufzulodern beginnt. »Er lässt mich seine Hundesachen nicht mal anfassen – als ob irgendwas Schlimmes passieren würde. Ich mag Hunde, Mom! Was ist so falsch daran?« Jetzt bin ich so sauer, dass ich noch nicht mal auf ihre Antwort warte. Ich schnappe mir das halb fertige Zuggeschirr und stürze aus dem Zimmer. Ich fühle, wie das ganze Haus wackelt, als ich die Haustür zuknalle. Der Traum vom Hundeschlittenteam wird wohl genau das bleiben – ein dummer Traum. Ich schmeiße das Geschirr in die Mülltonne. Happy hat ein Riesentheater veranstaltet, als ich versucht habe, ihr das Geschirr anzulegen, und wie soll ich sie auch trainieren, wenn ich sie jedes Mal erst suchen muss? Mal ganz davon abgesehen, dass ich noch nicht mal einen Schlitten habe.

Was jetzt? Happy umzingelt mich schwanzwedelnd und hechelt aufgeregt.

»Hau ab! Geh nach Hause!«, schreie ich sie an.

Ihr Schwanz verschwindet zwischen ihren Hinterbeinen, und sie kauert sich nieder, als ob jemand sie mit einem Stock geschlagen hätte, und dann wimmert sie auch noch, ganz leise und kläglich. Fast so wie ein kleines Kind, das leise in sich hineinweint.

»Happy! Komm her, mein Mädchen. Ist nicht deine Schuld. Es tut mir leid, ja?«

Sie leckt meine Hand, als ob ich derjenige bin, der Trost braucht und ich fühle einen dicken Kloß im Hals. Ich habe solche Angst, sie zu verlieren, dass ich mir wünsche, ich hätte sie niemals kennengelernt.

Ich glaube wirklich, dass sie kein Zuhause hat – was ich mir ja eigentlich gewünscht habe, damit sie mein Hund sein kann. Aber jetzt wünsche ich mir nichts sehnlicher, als dass sie ein Zuhause hat, wo jemand sich um sie kümmert und sie im Haus behält, wenn die Jagd auf die Streuner beginnt. Es hätte alles so einfach sein können. Warum ist Mom dagegen, dass ich sie behalte? Mein Vater mochte Hunde, das hat sie selbst gesagt. Plötzlich wünsche ich mir, er wäre hier. Vielleicht würde er ja verstehen, wie ich mich fühle. Vielleicht würde er mir sogar helfen.

Happy stupst mich mit ihrer Schnauze an, und dann fährt sie mit ihrer Schlabberzunge über mein Ohr, als ob sie versuchen würde, mich aufzuheitern.

»Mach dir mal keine Sorgen um mich«, sage ich und strubbel ihr über den Kopf. »Du bist diejenige, die in Gefahr ist. Wir müssen ein Zuhause für dich finden, okay?«

Happy springt auf, als ob sie mich verstanden hätte, und rennt zur Mülltonne. Sie stößt den Deckel mit ihrer Schnauze auf, und dann verschwindet ihr Kopf in der Tonne. Als sie wieder auftaucht, hat sie das Zuggeschirr aus meiner alten Jeans im Maul.

»Was willst du denn damit?«, frage ich sie. »Erst weigerst du dich, es anzuziehen, und jetzt willst du doch?«

Happy lässt das Geschirr vor meinen Füßen zu Boden fallen. Ich denke verzweifelt darüber nach, wen ich fragen könnte, ob er Happy für mich aufnimmt, aber mir fällt nur eine einzige Person ein.

Fahles Licht scheint durch das mit einer Plastikplane bedeckte Fenster. Es erscheint warm und gemütlich, ganz anders als das grelle und kalte elektrische Licht bei uns zu Hause. Acimosis kommt aus seinem Tonnenhaus auf mich zugerannt. Als er Happy sieht, stellen sich seine Nackenhaare auf, und er sieht noch größer als sonst aus. Happy kriecht auf dem Bauch liegend zu ihm hin und leckt seine Schnauze – wie ein kleiner Welpe. Acimosis beschnüffelt Happy, und dann wedelt er mit dem Schwanz.

»Acimosis! Dein Schwanz! Du kannst ihn wieder bewegen.«

Acimosis spürt meine Aufregung und springt mich an, und dann stellt Happy sich auch auf ihre Hinterbeine und drückt ihre Pfoten gegen meine Brust, als ob sie ihren neuen Freund nachahmen würde. Wir stehen einen kurzen Moment einfach so da in unsere seltsame Umarmung verschlungen. Und dann lässt sich Acimosis wieder auf alle vier Pfoten hinunter und geht zur Tür, so wie er es die letzten paar Male gemacht hat, wenn ich den Alten besucht habe. Ich bin mir nicht sicher, ob ich schon reingehen will. Ich weiß nicht, was ich sagen soll – oder genauer gesagt: Ich weiß nicht, was ich sagen soll, wenn er Nein sagt.

»Jeremy!« Der Alte erhebt sich vom Bett. »*Tansi!*«, begrüßt er mich auf Cree, und dann wandern seine Augen zum Teekessel. Ich fülle ihn mit Wasser und stelle ihn auf den Ofen. Dann nehme ich ein Stück Feuerholz und schüre das Feuer an.

»Ein Sturm ist auf dem Weg«, sagt der Alte. »Wird kalt werden. Hörst du, wie der See Eis macht?«

Ich lausche angestrengt, aber alles, was ich höre, ist der Wind, der durch die Bäume raschelt. Als ich noch ein Kind war, habe ich oft nachts wach gelegen und mir die Ohren zugehalten, um das unheimliche Geräusch, das aus den Tiefen des Sees zu kommen schien, nicht zu hören. Jetzt mag ich es eigentlich ganz gerne. Es hört sich immer noch unheimlich an, aber auch schön – wie ein trauriges Lied. Man muss sich die Tränen verkneifen, kann aber trotzdem nicht aufhören, hinzuhören. Es ist schwer vorstellbar, dass das Geräusch einfach nur daher kommt, dass sich das frierende Eis ausdehnt und Schallwellen unter Wasser erzeugt, die man durchs Eis hindurch hören kann.

Ich versuche noch einmal, den Wind und das zischende Geräusch des Kessels auszublenden, aber ich kann das Eis nicht hören. Nur Hunde, die von weit weg heulen. Und dann fangen auch Acimosis und Happy an zu heulen. Acimosis' Heulen ist tief und melodisch und hört sich traurig an. Happys ist eher kläffend, als ob sie sich nicht entscheiden kann, ob sie bellen oder heulen soll – sie kann den Ton einfach nicht halten.

»Wessen Hund?«, fragt der Alte.

Ich atme einmal tief durch, und dann lass ich es raus: »Das ist Happy. Sie … sie läuft mir immer hinterher und … also, ich mag sie wirklich, aber ich kann sie nicht behalten. Deswegen habe ich mir gedacht, dass wir vielleicht … also dass ich vielleicht eine der alten Hundehütten reparieren könnte und sie hierbleiben kann?«

Der Alte schweigt. Ich komme mir plötzlich vor wie in der Schule, wenn der Lehrer den Mathetest wieder zurückgibt. Man hat getan, was man konnte, kann nichts mehr verändern, nur noch warten, bis der Lehrer einem den Test auf den Tisch knallt und man weiß, ob man bestanden hat oder nicht. Ich fühle, wie meine Hände plötzlich schweißnass werden, und fummle nervös an meinem Zuggeschirr herum.

Der Alte beugt sich über den Tisch und nimmt mir das Geschirr aus der Hand. Seine Finger gleiten vorsichtig über den Jeansstoff, und er begutachtet meine Nähte. Die Art und Weise, wie er das Geschirr behandelt, macht mich gleichzeitig stolz und verlegen. Es ist ein Zuggeschirr, das kann man erkennen. Aber es ist schon ganz ausgefranst an den Rändern, und an den Nähten sieht man, dass ich nicht besonders gut aufgepasst habe, als Miss Ratt uns gezeigt hat, wie man Mokassins näht.

Der Alte nickt mir zu und mustert mich so, als ob er mich zum ersten Mal richtig sehen würde. Es kommt mir vor, als würde zwischen uns eine Unterhaltung stattfinden, ohne dass ein einziges Wort gesprochen wird. Ich bin mir nicht ganz sicher, was das Thema ist, aber nach einer Weile fragt er: »Und was sagt deine Mutter dazu?«

»Sie …« Am liebsten hätte ich gesagt, sie hat nichts dagegen, aber das stimmt ja nun mal nicht, und obwohl ich unbedingt will, dass der Alte Happy behält, kann ich ihn nicht einfach anlügen. »Sie wird sich schon damit abfinden. Letztendlich lässt sie mich meistens machen, was ich will.«

Der Alte nickt nachdenklich.

»Und ich habe keinen Vater«, füge ich noch hinzu, obwohl ich irgendwie glaube, das weiß er sowieso. »Der ist gestorben, als ich drei war.«

Der Alte nickt wieder. »Du weißt, was passiert ist?«

»Mit meinem Vater? Nicht wirklich. Nur, dass da ein Unfall war. War aber nicht seine Schuld, sondern die eines anderen. Ich habe meine Mutter nie nach den Einzelheiten gefragt, weil sie nicht gerne über meinen Vater spricht.« Ich trinke einen Schluck heißen Tee, und dann frage ich ihn, was mich schon seit Längerem beschäftigt: »Kanntest du meinen Vater?«

»Ja«, sagt er und dann nichts mehr. Ich will wissen, woher er ihn kannte und wie mein Vater so war, aber ich frage nicht nach. Vielleicht, weil ich Angst vor der Antwort habe. Vielleicht ist es einfacher, es nicht zu wissen, kein Bild von ihm zu haben, mir nicht zu wünschen, ich hätte ihn kennenlernen können. Es ist einfacher, ihn nicht vermissen zu müssen.

»Du willst also gerne ein Hundeschlittenfahrer werden?«, unterbricht der Alte die Stille, die auf einmal schwer zwischen uns hängt. Er reicht mir das Geschirr zurück. »Weißt du, wie man ein Feuer macht?«, fragt er.

»Ja, ich denke schon«, antworte ich. Ich will ihm lieber nicht sagen, dass Justin und ich Meister im Feuermachen sind. Wir schleichen uns immer zur Müllkippe und setzen alte Matratzen in Brand. Schaumstoffmatratzen. Die brennen ganz schnell lichterloh. Ist schon cool, aber auch irgendwie beängstigend, wenn man die ganzen Geschichten bedenkt, wo jemand mit einer brennenden Zigarette im Bett eingeschlafen ist.

Ich glaube nicht, dass der Alte das im Sinn hatte, als er mich fragte, ob ich Feuer machen könnte. Was hat Feuermachen denn mit Hundeschlittenfahren zu tun?

»Wenn du nicht weißt, wie man im Busch ein Feuer macht, dann hast du da draußen nichts zu suchen. Wenn du kalt oder nass wirst und nicht weißt, wie du dich aufwärmen kannst, dann war es das.« Der Alte kramt nach seiner Pfeife, und ich weiß, er bereitet sich aufs Geschichtenerzählen vor. Ich will nur wissen, ob ich Happy behalten kann, aber mir ist klar, dass es keinen Sinn hat, ihn zu drängen. Zumindest hat er bis jetzt noch nicht Nein gesagt, also habe ich noch Hoffnung.

Der Alte zündet bedächtig seine Pfeife an. »Eines Tages, als ich so alt war wie du – vielleicht ein bisschen älter oder auch viel älter, ich weiß es nicht mehr so genau –, war ich mit den Hunden unterwegs, um Fallen zu prüfen. Ich hatte damals schon eine lange Trapline – hat den ganzen Tag gedauert, sie abzufahren. Am Tag zuvor hatte ich frische Luchsspuren in der Nähe einer meiner Fallen gesehen, und ich wollte wissen, ob ich ihn gefangen hatte. ›Ein Sturm kommt‹, hatte mein Vater mich gewarnt. ›Geh lieber morgen.‹

Aber ich habe nicht auf ihn gehört. Ein Luchs brachte damals viel Geld ein, und ich habe auf ein neues Gewehr gespart. Also bin ich los. Der Sturm war schlimm. So viel Neuschnee. Die Hunde hatten keine Spur, der sie folgen konnten, also musste ich mit Schneeschuhen vorneweg eine Spur durch den tiefen Schnee trampeln. Du weißt ja, wie schnell einem heiß werden kann, wenn man in Schneeschuhen läuft.«

Ich habe nur ein Mal wirklich Schneeschuhe benutzt. Da hatten wir ein Schneeschuhwettrennen bei uns in der Schule. Ich kann mich nicht mehr daran erinnern, ob das Rennen lang genug war, dass ich in Schweiß ausgebrochen bin, aber ich nicke trotzdem. Inzwischen weiß ich, dass es sowieso egal ist, was ich sage. Er ist in seine Geschichte vertieft.

»Ich habe mir die Handschuhe ausgezogen und auf den Schlitten gelegt. Dann meine Pelzmütze und schließlich sogar meine Jacke. Und trotzdem bin ich noch nass geworden vor Anstrengung, aber auch vom Schnee. Bowl Cleaner ist mir immer von hinten auf die Schneeschuhe getreten und hat mich ins Stolpern gebracht. Und der Schlitten kippte im tiefen Schnee immer wieder um. Letztendlich habe ich einen langen Ast aus einem Baum gehackt und ihn vorne an den Schlitten gebunden. Gee-Pole haben wir das genannt. Hilft beim Steuern, wenn man vor dem Schlitten laufen muss.«

»Warum Gee-Pole?«

»Gee ist ›rechts‹ in Hundesprache, und wir haben den Pfahl immer rechts angebunden.« Er zieht an der Pfeife, und ich glaube schon fast, er hat den Faden verloren, aber dann redet er weiter: »Schließlich kam die Nacht, und ich war immer noch unterwegs. Der Himmel klarte auf, und als die Wolken sich verzogen, wurde es kalt. Richtig kalt. Ich war zu müde, um noch weiter zu laufen. Müde und kalt. Ich habe mir meine Jacke wieder angezogen und die Mütze aufgesetzt, aber ich konnte nur noch einen Handschuh finden. Jetzt fing ich an zu zittern, und ich wusste, das war nicht gut. Gar nicht gut.«

»Was hast du dann gemacht?« Dumme Frage. Er wollte es doch gerade erzählen.

»Ich bin ans Ufer gegangen und habe eine Feuerstelle gemacht. Einen Schneeschuh habe ich als Schaufel benutzt. Ich hatte immer ein bisschen Birkenrinde zum Feueranmachen in meiner Tasche, aber diesmal brauchte ich sie nicht. Neben meiner Feuerstelle standen Birken mit loser Rinde, und ich habe auch noch Old Man's Beard gefunden, du weißt schon, die Flechte, die an den Fichtenbäumen wächst. Der Schnee war schwer und nass, also habe ich abgestorbene Äste vom unteren Teil der Bäume, wo es trocken ist, abgebrochen.

Und als es dann so weit war, holte ich meine Streichhölzer aus der Tasche, aber meine Finger waren so kalt, dass mir die Streichhölzer in den Schnee gefallen sind. Lass deine Streichhölzer niemals nass werden, hörst du? Nasse Streichhölzer taugen nichts.«

Ich nicke, und der Alte erzählt weiter. »Ich habe die Hölzer aufgesammelt so gut ich konnte, und dann meine Hände unter Bowl Cleaners Achselhöhlen gewärmt. Schön warm da, aber wenn dein ganzer Körper kalt ist, werden deine Hände nicht so einfach warm. Das erste Streichholz fiel mir aus der Hand. Das zweite hielt ich so fest, dass es beim Anzünden brach. Das nächste Streichholz wurde vom Wind ausgeblasen.

Jetzt hatte ich nur noch eines. Das war nicht gut. Ich wusste, wenn das Feuer jetzt nicht angeht, dann war ich in Schwierigkeiten. Aber das letzte Streichholz brannte, und ich hielt es an die Birkenrinde. Die Flammen fraßen sich von der Rinde zu den Flechten und sprangen auf die Äste über. Nach kurzer Zeit konnte ich die Wärme vom Feuer fühlen. Ich habe Glück gehabt. Mein Vater hatte mich gut gelehrt, und das Feuer hat mir das Leben gerettet.« Der Alte steht auf und geht zu der Holzkiste neben seinem Bett. Er kommt mit einer kleinen, verbeulten Blechdose wieder und gibt sie mir. In der Dose ist Birkenrinde, Flint und Stahl.

»Manchmal hast du keine Streichhölzer. Dann können die Dinge ganz schnell ganz schlecht werden. Lerne, ein Feuer zu machen, und dann komm wieder.«

Ich stecke die Dose in meine Tasche. Ich habe keine Ahnung, wie ich mit Flint Feuer machen soll, aber so schwer kann das ja wohl nicht sein. Außerdem habe ich wirklich andere Sorgen, als Feuer zu machen. Ich will doch nur die Hunde am Rande der Siedlung rumfahren und vielleicht ein bisschen über den See, und nicht zu einer Trapline mitten im Nichts. Und im Moment noch nicht mal das. Das Einzige, worauf es gerade ankommt, ist, einen sicheren Ort für Happy zu finden.

»Also noch mal zu dem Hund: Kann Happy bei dir bleiben?«, frage ich und halte den Atem an.

»Neben der Tür steht eine Schneeschaufel. Mit der kannst du eines der alten Häuser ausbuddeln. Wenn du Glück hast, findest du im Schuppen noch ein Stück Sperrholz. Wenn nicht, kannst du für heute Nacht ein Dach mit Fichtenzweigen bauen. Morgen kannst du mir dann helfen, das Fischernetz zu setzen.«

»Das Fischernetz?«

»Um Hundefutter zu fangen.«

»Okay. Und danke!« Ich kann mir ein freudiges Grinsen nicht verkneifen. Happy kann hierbleiben! Aber plötzlich fühle ich mich überwältigt. Wie baut man ein Dach aus Fichtenzweigen, und wie setzt man ein Netz unter dem Eis?

Zum Glück finde ich ein Stück Sperrholz. Ich nagele es auf das Haus, das am wenigsten verfallen aussieht. Erstes Problem gelöst. Der Alte sucht nach einem Halsband und einer Kette, und ich finde einen zerbeulten Hundenapf und eine alte Kaffeedose für Wasser. Ein Wassernapf macht wahrscheinlich nicht viel Sinn im Winter, aber trotzdem fühlt es sich gut an, alles für meinen Hund dazuhaben. Mein Hund. Ich rufe Happy und lege ihr das Halsband um. Dann binde ich sie an die Kette, während sie vergnügt an meiner Hand leckt. Der Alte sieht mir zu.

»Als ich ein Junge war, da gab es keine Streuner. Die Hunde waren alle Teil der Familie. Wenn wir unterwegs waren und nachts Lager aufgeschlagen haben, brauchten wir sie nicht anzuleinen. Sie blieben immer in unserer Nähe. In Poplar Point haben wir sie immer bei uns gehabt. Wollten nicht, dass ihnen was passiert. Das war unser Lebensunterhalt, die Hunde. Der einzige Weg, im Winter zu reisen.«

Ich streichele Happy, während ich dem Alten zuhöre. »Da hast du's aber gut, Happy. Jetzt hast du zwei, die sich um dich kümmern. Gute Nacht, mein Mädchen. Ich komme morgen wieder, ja?« Ich gehe davon, aber Happy folgt mir dicht auf den Fersen. Als sie das Ende der Kette erreicht, wird sie zurückgerissen. Happys Schrei ist ohrenbetäubend. Voller Panik läuft sie in die entgegengesetzte Richtung. Das gleiche Schicksal erwartet sie, als sie das Ende der Kette erreicht; diesmal noch schlimmer, weil sie schneller gerannt ist.

»Happy, nein!« Ich renne zu ihr und setze mich neben sie in den Schnee. Sie kauert am Boden und zittert wie verrückt. Sie traut sich keinen Schritt vor oder zurück. Ich streichele sie sanft, bis ihr Zittern ein wenig nachlässt.

»Die Hündin war noch nie in ihrem Leben an einer Leine. Lass sie einfach. Sie wird sich schon dran gewöhnen«, sagt der Alte ruhig.

Ich muss an Wolfsblut denken, und ich kann die Panik eines gefangenen wilden Tieres in Happys Augen sehen.

»Muss sie denn angebunden sein? Kann sie nicht einfach frei rumlaufen wie Acimosis?«

»Sie weiß noch nicht, dass das jetzt ihr Zuhause ist. Wenn du willst, dass sie bleibt, lass sie angebunden.«

»Aber sie hasst es!«, protestiere ich.

»Sie hat Angst, weil sie nicht versteht, was sie festhält. Sie wird sich daran gewöhnen. Komm morgen wieder. Du wirst schon sehen.«

Ich streichele sie noch einmal, und dann gehe ich ganz schnell weg, weil ich genau weiß, ich könnte sie nicht noch einmal sehen, ohne sie freizulassen. Ich bin schon fast auf der Straße, als der Alte mich noch mal zurückruft: »Noch eines: Du findest heraus, wem der Hund gehört. Ich will keinen Ärger, klar?«

Ich nicke, aber ich will nicht herausfinden, zu wem sie gehört. Zu mir gehört sie, das fühle ich ganz eindeutig. Was, wenn jemand sie wiederhaben will?

KAPITEL 11

Es ist Montagmorgen. Das heißt, ich habe die ganze Woche bis zum nächsten Wochenende vor mir. Ich habe eigentlich nichts gegen Schule, aber im Moment habe ich einfach Wichtigeres zu tun. Ich besuche Happy noch vor der Schule. Sie sieht tatsächlich ein bisschen fröhlicher aus, aber entspannt ist sie noch nicht. Sie hebt ihre Pfoten hoch und tanzt um die Kette herum, darauf bedacht, sie nicht zu berühren. Als ob sie Angst hätte, die Kette könnte sie beißen. Täte Happy mir nicht so leid, würde ich es fast lustig finden.

In der Schule zeichne ich einen Cartoon von Happy in mein Sozialwissenschaftsbuch. Wir sollen recherchieren, wie kanadische Künstler ihre Ortsverbundenheit durch ihre Kunst ausdrücken. Ich weiß noch nicht mal, was der Lehrer damit meint – Ortsverbundenheit. Wir sind im Computerraum, und ich sehe mir Hunderte von Gemälden auf Google Images an. Nichts dabei, was mich interessieren würde. Landschaftsmalerei, indigene Kunst und noch mehr Landschaftsmalerei. Doch dann stoße ich auf ein Gemälde, auf dem ein Hundeschlittenteam abgebildet ist, und kann mich nicht von dem Bild losreißen. Die Hunde und der Schlitten sehen aus wie auf dem Foto, auf dem der Vater von dem alten Mann ist. Aber das ist es nicht, was mich so fasziniert. Es hat mehr mit der Landschaft selbst zu tun. Es sieht so unendlich aus, das Land. Die Hunde im Gemälde sehen erschöpft aus, und auch der Mann selbst, aber gleichzeitig sehen

95

sie alle aus, als ob sie dorthin gehören, in dieses Gemälde, diese weite Landschaft, diese Kälte.

Es ist ein altes Gemälde, das der Künstler nach einem Foto gemalt hat, das er 1953 ganz oben im Norden Saskatchewans aufgenommen hat – bei Lake Athabasca. Es macht mich traurig, darüber nachzudenken, dass wenn ich jetzt zum Lake Athabasca gehen würde, ich noch die gleiche Landschaft vorfinden würde, aber keine Hundeschlittenteams.

Und dann finde ich ein Gemälde, das mich noch trauriger macht. New Landscape heißt es. In dieser Neuen Landschaft sitzt ein Hundeschlittenteam im Schnee. Der Musher steht zusammen mit seinen Hunden ein wenig ratlos da und starrt in den Sonnenuntergang. Vor der Sonne ist eine Ölbohrstation oder ein Bergwerk, ich kann es nicht so genau sagen, aber auf jeden Fall was Großes und Industrielles. Graue Wolken kommen aus einem Schlot und verschmutzen den blutroten Himmel. Der Musher und seine Hunde stehen einfach da, als ob sie überflüssig wären in dieser neuen Landschaft, als ob sie nirgends hinkönnten.

Ich muss an den Alten denken und wie er gesagt hat, dass seine Hundeausrüstung nichts mehr ist als zweckloser Kram, und am liebsten würde ich einfach zu ihm gehen, um ihm zu sagen, wie falsch es ist, dass es keine Hundeteams mehr gibt und dass sich keiner mehr um sie schert und dass ich mich sehr wohl darum schere. Und dass ich all seine Geschichten hören will.

Aber zuerst muss ich meinen Sozialwissenschaftsaufsatz fertig schreiben. Dann muss ich lernen, wie man ein Feuer mit Flint und Stahl macht. Und ich muss rausfinden, ob Happy zu irgendwem gehört.

Als ich meinen Aufsatz ausdrucke, füge ich noch schnell eine extra Seite ein:

HUND ZUGELAUFEN!

Weiß-grau.

Mag Chipstüten.

Sieht aus wie ein Schlittenhund.

Besitzer bitte bei Jeremy Cook melden.

Darunter schreibe ich fünfmal meine Telefonnummer, sodass Leute sie einfach abreißen können. Jeder in Poplar Point muss irgendwann mal Lebensmittel kaufen oder zur Post oder Tankstelle. Also drucke ich zwei Poster aus. Eines für *Andy's* (Benzin, Post und die wichtigsten Lebensmittel wie Milch, Brot und Limonaden) und eines für den Supermarkt (für alles, was man bei *Andy's* nicht kaufen kann).

Gleich nach der Schule hänge ich sie auf. Zu spät fällt mir noch der *Poplar Point Trading Post* ein. Einige der älteren Menschen kaufen dort ihre Lebensmittel. Also schreibe ich meine Nachricht per Hand auf die Rückseite eines Reklameblatts, das ich auf der Straße finde, und hänge es dort auf. Dann eile ich schnell nach Hause, damit ich eventuelle Telefonanrufe annehmen kann, bevor Mom den Hörer abnimmt.

Der erste Anruf, den ich bekomme, ist von irgendwelchen Kindern, die mich fragen, wie hoch die Belohnung ist, wenn sie den Hund finden. Ich erkläre ihnen, sie müssen nach den VERMISST-Postern Ausschau halten, aber ich glaube, die kapieren es nicht.

Der nächste Anrufer ist ein Mann: »Ich rufe wegen des Hundes an.«

Ich fühle, wie sich mein Magen zusammenzieht. »Ja?«, bringe ich heraus.

»Ich habe genauso einen. Einen Husky, ja? Kannste haben. Nur fünfzig Dollar.«

Ich atme erleichtert auf. Also nicht Happys Besitzer. Ich sage dem Anrufer, dass ich im Moment kein Geld habe.

»Vierzig. Das ist ein super Preis. Hat mehr an Hundefutter gefressen, als ich jetzt für ihn haben will.«

»Danke, nein, vielleicht später«, sage ich und lege schnell auf.

Dann kommen erst mal keine weiteren Anrufe. Ich habe gerade meine Hausaufgaben erledigt, als das Telefon wieder klingelt. Der dritte Anrufer ist eine Frau.

»Jeremy?«, fragt sie. Ihre Stimme kommt mir bekannt vor. »Was soll das mit dem zugelaufenen Hund? Wo ist er?«

Mist. Es ist Mom.

»Wenn ich nach Hause komme, will ich keinen Hund in oder in der Nähe meines Hauses finden, verstanden?«

»Sie ist nicht hier. Der Alte passt auf sie auf. Er hält sie für mich.«

Es ist so still am anderen Ende der Leitung, dass ich von dort, wo Mom anruft, Autos vorbeifahren höre. Wahrscheinlich ist sie noch auf der Arbeit. Nachrichten verbreiten sich schnell in Poplar Point.

»Wir reden darüber, wenn ich nach Hause komme.« Moms Stimme hört sich müde an, irgendwie resigniert.

»Ähm … ich muss gleich weg … ich habe dem Alten versprochen, ihm beim Fischen zu helfen, damit ich Happy füttern kann.«

»Du hast mir versprochen, nicht mit dem alten Nichtsnutz in

den Busch zu gehen. Was ist denn daraus geworden?«, herrscht sie mich an.

»Mom, es ist nicht so, wie du denkst«, sage ich, obwohl ich nicht wirklich weiß, was sie eigentlich denkt. »Ich geh doch gar nicht in den Wald, nur auf den See, direkt vor Poplar Point, okay?«

»See, Busch, Wald, das macht doch keinen Unterschied. Sobald du Poplar Point verlässt, bist du in der Wildnis. Das ist, wo wir leben, Jeremy. Wildnis auf allen Seiten, egal, wo du hingehst.«

Jetzt übertreibt sie aber wirklich. »Das ist doch Unsinn. Jeder geht auf den See. Eine Winterstraße führt direkt übers Eis. Leute fahren mit ihren Autos auf den See. Das ist ein Highway und keine Wildnis. Ich bin der Einzige in meiner Klasse, der nicht mit seinen Kumpels Schneemobil fahren darf, und jetzt darf ich noch nicht mal mehr einen Fuß auf den See setzen?! Wirklich, Mom?«

»Selbst wenn es ein Highway ist! Leute brechen trotzdem mit ihren Trucks und Schneemobilen durchs Eis. Die ertrinken, erfrieren, und was weiß ich noch was!«

Das letzte Mal, dass ich gehört habe, dass jemand ertrunken ist, ist mindestens zwei Jahre her, und der hatte echt selbst Schuld. Ist mit seinem Truck zu nahe an den Fluss gefahren, wo wegen des unsicheren Eises noch nicht mal die Schneemobile hinfahren. »Die sterben auch auf dem asphaltierten Highway Richtung Süden! Ich wette, wenn du dir mal die Statistiken anguckst, sterben mehr Menschen durch einen Autounfall als beim Eisfischen!«

Es ist plötzlich so still am anderen Ende der Leitung, dass ich drei weitere Autos vorbeifahren höre, bevor mir klar wird, was ich gerade gesagt habe.

»Mom? Es tut mir leid, okay? Ich ... Ich hab das nicht so gemeint, mit dem Autounfall. Ist mir nur ...«

»Ist schon gut, Jeremy. Du hast ja recht. Ich mache mir nur Sorgen um dich. Und ich mag nicht, wenn du so viel Zeit mit Jack verbringst.«

»Mom, ich bin dreizehn. Ich kann schon auf mich selbst aufpassen. Er ist doch nur ein harmloser, alter Mann.«

»Lass mich ausreden, ja? Es gibt etwas, das ich dir sagen muss – vielleicht verstehst du dann. Bis dahin, mach keine Dummheiten, ja? Geh niemals so weit raus, dass du Poplar Point nicht mehr sehen kannst. Okay?«

»Okay«, sage ich, auch wenn ich es immer noch für übertrieben halte. Ich will nicht, dass sie sich meinetwegen Sorgen macht. »Was wolltest du mir denn sagen?«

»Nicht jetzt, Jeremy.«

»Mom, ich habe doch schon gesagt, dass ich dreizehn bin und kein kleiner Junge mehr.«

»Ich weiß. Ein anderes Mal. Nicht am Telefon.«

Nach dem Telefonat mit Mom kommen keine weiteren Anrufe. Wie lange muss ich die Poster wohl hängen lassen, bis ich sagen kann, dass Happy mir gehört?

KAPITEL 12

Bevor ich mich auf den Weg zum Alten mache, durchwühle ich unsere Tiefkühltruhe. Ich finde einen Braten mit Gefrierbrand und nehme ihn mit. Wer weiß, wie lange es dauert, Fische mit dem Netz zu fangen.

Die Tage werden immer kürzer, und es ist bereits dunkel, als ich endlich beim Alten im Hof bin. Das stört mich am meisten am Winter: Es ist dunkel auf dem Weg zur Schule, und kurz nach dem Nachhausekommen ist es auch schon wieder dunkel. Manchmal kommt es mir so vor, als ob die Tage insgesamt kürzer wären, als ob der Tag nicht mehr vierundzwanzig Stunden hätte.

Ich hatte bisher noch keine Gelegenheit, ein Feuer zu machen. Flint und Stahl habe ich schon ausprobiert, und es war überraschend leicht, Funken zu machen, aber dann war es genauso überraschend schwer, mit den Funken die Birkenrinde zum Brennen zu bekommen.

Happy ist richtig happy, als sie mich sieht. Sie springt am Ende der Kette aufgeregt in die Luft – ein echter Freudentanz. Ich mache sie los, und sie rennt wie verrückt im Kreis um mich herum. Acimosis jagt hinter Happy her und beißt sie in den Nacken. Happy rollt sich auf den Rücken und winselt leise. Acimosis knurrt und kaut auf ihrem Hals.

»Acimosis! Nein!«, schreie ich ihn an, aber dann merke ich, dass sie sich nur im Spiel kabbeln. Sobald Acimosis Happy los-

101

lässt, drückt sich Happy an ihn heran und leckt ihm so lange die Schnauze, bis Acimosis sie wieder am Nacken packt. Es sieht viel wilder aus, als es ist. Er beißt sie ganz sanft, und auch sein Knurren hat einen freundlichen Unterton.

Ihr Herumtollen bringt sie zu dem alten Schuppen. Licht scheint aus der geöffneten Tür. Das Fischernetz liegt auf einer Plane im Schnee. Der Alte kommt aus dem Schuppen und kratzt sich am Kopf. »Ich kann meinen Eisbohrer nicht finden. Muss ich wohl an jemanden verliehen haben. Na, dann muss das halt reichen. Mehr hatten wir damals auch nicht.« Er reicht mir seinen Eismeißel, den, den ich schon beim Wasserloch gesehen habe, und nickt dann in Richtung eines roten Brettes, das gegen den Schuppen gelehnt steht: »Nimm den Jigger auch mit.«

Ich versuche, den Jigger im Dunkeln genauer zu erkennen. Es ist mehr als nur ein einfaches Brett. Es hat einen Schlitz in der Mitte, in dem Hebel aus Eisen befestigt sind.

»Weiß nicht, ob wir ihn im Dunkeln sehen können«, sagt der Alte, »aber wir versuchen es mal. Dein Hund hat Hunger.«

»Ich habe Fleisch mitgebracht.«

»Gut. Heute wird es noch keinen Fisch geben.«

»Was frisst denn Acimosis?«

»Das Gleiche wie ich, aber der kann von jetzt an auch Fisch fressen. Kann ja nicht für all die Hunde hier kochen.« Er deutet mit seinem Handschuh in die Richtung der Hundehütten, und ich werde ganz aufgeregt, als ich mir vorstelle, dass an jeder Hütte ein Hund angebunden ist.

»Wie viele Hunde braucht man für ein Team? Sechs?«

»Für dich? Drei oder vier, das reicht. Mein Vater hat mir damals nur zwei gegeben.« Der Alte packt das Netz in eine Kiste und hievt die dann auf einen Plastikschlitten. Ich trage den Jigger und den Meißel, und wir gehen zusammen zum See. Wir folgen dem in den Schnee getrampelten Trail bis zum Wasserloch, und dann stapfen wir durch den Tiefschnee aus der Bucht hinaus. Ich gucke mich verstohlen um. Die Lichter der Straßenlaternen und Häuser scheinen hell durch die Nacht, ich kann sogar den Turm der Holzkirche ausmachen. Gut.

»Mach hier das erste Loch«, weist mich der Alte an und zeichnet mit seinem Mukluk ein Oval in den Schnee. Es ist ungefähr einen halben Meter lang und ein bisschen breiter als der Jigger. Ich stehe etwas ratlos mit dem Eismeißel in der Hand da und weiß nicht, was ich machen soll. Der Alte rollt das Fischernetz aus. Ich will mit dem Meißel auf das Eis einschlagen, aber die Spitze verschwindet im Schnee, und ich kann nicht sehen, wohin ich treffe. Also schiebe ich erst mal den Schnee mit meinem Fuß beiseite. Ich schlage auf das Eis ein, und kleine, scharfe Splitter fliegen mir ins Gesicht. Ich komme nicht wirklich voran.

»Geh rund um den Rand. So.« Der Alte nimmt den Meißel und schlägt mit Schwung auf das Eis ein. Große Stücke brechen ab, und nach kurzer Zeit sickert Wasser durchs Eis. Er gibt mir den Meißel zurück: »Binde mal lieber die Schnur um dein Handgelenk. Willst den Meißel ja nicht verlieren. Ist mir auch schon passiert, als ich noch ein Junge war.«

»Und? Hast du ihn wiederbekommen?«

»Ich hatte Glück. Das Netz war schon ein paar Tage im Wasser und ein bisschen ins Eis gefroren. Hab den Meißel verloren, als ich versucht habe, es freizumeißeln. Mein Vater machte das Netz also mit der Axt frei, und dann zogen wir es heraus. Im Netz war eine Aalquappe, und mein Vater sagte: ›Jetzt kriegen wir den Meißel wieder. Pass mal auf.‹ Er machte ein kleines Loch in den Kiefer der Quappe und band sein blaues Fischerseil daran fest. Dann warf er den Fisch am Seil wieder ins Wasser. Die Quappe schwamm um den Meißel herum. Immer wieder und wieder, und das Seil wand sich um den Meißel. Und so hat mein Vater ihn wieder herausziehen können.«

»Wow. Wirklich?« Ich kann kaum glauben, dass das wahr ist, aber es ist schon eine coole Geschichte.

»Das passiert so schnell nicht wieder. Also pass gut auf den Meißel auf.«

Ich meißele rund um den Rand, wie der Alte es mir gezeigt hat. Das Eis im Loch bricht los, und ich kann es in einem Stück herausfischen. Es ist bestimmt zwanzig Zentimeter dick. Ganz schön viel für Anfang Dezember.

»Was macht man denn später im Winter, wenn das Eis einen Meter dick ist?«

»Viel meißeln. Oder einfach kein Netz reintun. Damals auf der Trapline haben wir versucht, im Herbst so viel wie möglich zu fischen, und dann nicht mehr bis zum Frühling, wenn das Netz nicht mehr so leicht ins Eis einfriert.« Der Alte bindet das blaue Fischerseil an den Jigger. Dann schiebt er ihn unters Eis. »Willst du jiggen oder hören, wo er hingeht?«

»Äh … was ist denn einfacher?«

»Kommt auf deine Ohren an. Meine hören nicht mehr so gut.«

»Okay. Was muss ich machen?«

»Einfach dem Klicken des Jiggers folgen.«

Der Alte zieht am Seil, und der Jigger bewegt sich mit einem eisernen *klick, klick, klick* unter dem Eis vorwärts.

»Das ist ja cool!« Ich habe schon öfter gesehen, wie Leute Netze unter dem Eis gesetzt haben, aber nie aus der Nähe. »Wie funktioniert das?«

Der Alte erklärt, wie der Jigger funktioniert, aber je mehr er erklärt, desto verwirrter werde ich. Wenn ich es richtig verstehe, treibt der Jigger unter dem Eis entlang. Wenn man an dem Seil zieht, das an dem einen Hebel befestigt ist, setzt der einen zweiten, kleineren Hebel in Gang, der den Jigger unter dem Eis nach vorne – also weg von dem Alten – zieht. Nach jedem Ziehen sorgt eine Federung dafür, dass sich die Hebel wieder in Startposition begeben. Wie genau das funktioniert, verstehe ich nicht so recht. Auf jeden Fall zieht der Alte an dem Seil, und der Jigger bewegt sich klickend vorwärts. So kann er das Seil, an dem er später das Netz festmacht, unter dem Eis bewegen. Das verstehe ich.

»Folgst du dem Geräusch?«, fragt der Alte.

»Hm? Was?«

»Das Klicken, hörst du es?«

»Ja«, sage ich schnell, aber es ist ganz schön schwierig, einem Geräusch zu folgen, wenn man nicht sehen kann, wo es herkommt. Ich beuge mich näher zum Eis und hole den klickenden Jigger ein. Nach ungefähr dreißig Metern hört das Klicken plötzlich auf.

»Weißt du, wo er ist?«, fragt der Alte und zieht noch mal kurz an der Schnur. *Klick.*

»Ja, ich glaube schon.«

Klick. »Genau unter deinen Füßen?«

Ich gehe zwei Schritte nach links. »Hier ist es!«

Klick. Ich geh einen Schritt zurück. »Nee, hier!«

»Mach das Eis schneefrei und guck, ob du ihn sehen kannst.«

Ich scharre den Schnee mit meinem Stiefel beiseite, aber ich sehe nur dunkles Eis. Als ich das Klicken wieder höre, sehe ich, wie sich unter dem Eis etwas bewegt.

»Er ist hier! Genau hier! Ich habe ihn gefunden!« Ich knie mich nieder und schiebe den Schnee mit meinen Handschuhen vom Eis. »Was jetzt?«

Ich bin so aufgeregt, dass ich glatt ein kleines Tänzchen hinlegen könnte, aber dann komme ich mir total blöd vor. Der Alte muss das schon tausendmal gemacht haben. Für ihn ist es wahrscheinlich einfach nur Arbeit und langweilig, wie Geschirr spülen oder so.

»Prima, findest du nicht?« Der Alte gibt mir den Meißel und grinst mich an. »Der Jigger funktioniert einfach ziemlich gut. Als ich noch ein Junge war, haben wir einen langen Pfahl unters Eis geschoben, ein Loch gemacht, wo der Pfahl zu Ende war, und ihn weitergeschoben, und wieder und wieder, bis wir genug Abstand zwischen dem ersten und letzten Loch hatten, um das Netz zu setzen. Ging auch, aber das hier ist schon einfacher.«

Während ich mit dem Meißel das zweite Loch ins Eis hacke, denke ich an den benzinbetriebenen Eisbohrer, den Justin und ich benutzt haben, als wir mit Justins Vater zum Angeln gegangen sind.

Endlich kann ich den Jigger aus dem Loch ziehen. Das Wasser ist eisig, und ich trockne mir schnell die Hände an meiner Hose ab, sobald der Jigger auf dem Eis liegt. Der Alte knotet das Seil vom Jigger los und wirft es mir zu. Dann geht er zum Netz, das er am anderen Ende des Seiles anbindet.

»Zieh!«, ruft er. Während ich das Netz unters Eis ziehe, hilft

er nach und führt es mit den Händen, damit es nicht am scharf-
kantigen Eis hängen bleibt. Wir binden das Fischernetz an die
Eisblöcke, die ich aus dem Eis gehackt habe, und der Alte deckt
die Löcher mit Schnee ab, damit sie weniger schnell zufrieren.

»Morgen gibt es Fisch. Aber jetzt lass uns ein Feuer machen,
damit wir uns aufwärmen können.«

»Ich … äh …«, stammele ich. Ich habe es immer noch nicht
geschafft, ein Feuer mit meinem Flint zu machen.

»Siehst du die Birke da drüben? Das ist gute Rinde, dünn
wie Papier.«

Wir stapfen durch den Schnee auf die Landzunge zu. Ich
reiße die Rinde ab, und der Alte befreit den Waldboden vom
Schnee. Er bricht ein paar dicke Äste von einer toten Fichte ab
und legt sie über das freigeschaufelte Moos. Darauf legt er Old
Man's Beard und winzige Zweige, dann größere.

»Tu die Birkenrinde hierhin«, weist er mich an, und ich lege
sie unter die grünen Flechten. Er reicht mir seine Streichhölzer.
Ein einziges Streichholz genügt, und das Feuer frisst sich hungrig durch Rinde und Flechte und springt dann auf die Zweige
über. Wir legen größere und größere Äste auf, und bald haben
wir ein loderndes Feuer. Nicht riesig, aber groß genug, um uns
die Hände zu wärmen. Die Flammen erleuchten das Gesicht des
Alten.

»Morgen haben wir Fisch«, sagt er noch einmal. Seine Augen
strahlen wie die eines kleinen Jungen in der Nacht vor Weihnachten.

KAPITEL 13

Schwer zu glauben, dass schon wieder Samstag ist. Die Woche ist unglaublich schnell vergangen. Ich habe so viele neue Sachen gelernt, die inzwischen schon fast zu meinem Alltag gehören.

Mit meinem Flint Feuer zu machen, ist kein Problem mehr, seit ich herausgefunden habe, dass ich ganz feine Birkenrinde benutzen und eine kleine Schale, die die Funken auffängt, daraus machen muss. Wenn die Rinde brennt, brauche ich nur noch Strähnen von Old Man's Beard hinzufügen, und bald habe ich ein kleines Lagerfeuer.

Ich habe noch drei weitere Hundehütten repariert. Für die Dächer habe ich ein altes Reklameschild zersägt, das ich auf der Müllkippe gefunden habe. Eins der Häuser habe ich in Happys Reichweite gestellt, weil Acimosis sich immer in das schon vorgewärmte Haus von Happy schlich und Happy draußen in einem Schneehügel schlafen musste. Jetzt haben sie beide eines und können nebeneinander schlafen.

An einem Abend haben wir den alten Toboggan repariert, und ich habe gelernt, wie man eine Ahle benutzt, damit ich die Nähte der Geschirre, die sich gelöst hatten, wieder zusammenflicken konnte.

Wir haben den Hunden Tabak ins Futter gemischt, um sie zu entwurmen. Hat man damals so gemacht, als es hier noch keine Apotheke gab, in der man Entwurmungstabletten kaufen konnte.

Und natürlich kontrollieren wir jeden Tag das Netz. Wir fangen so viele Fische, dass man ein ganzes Hundeteam damit füttern könnte. Der Alte behält die Hechtfilets, die Hunde bekommen eine Suppe aus Fischköpfen und Eingeweiden, die Weißfische und die eine oder andere Aalquappe, die uns ins Netz geht. Einen Teil der Fische verfüttern wir noch am selben Tag und frieren auch noch welche für später ein. Wir haben sogar noch Fische für die Senioren im Altenheim übrig, die sich immer über »Country food« – wie sie alles nennen, was das Land an Nahrung hergibt – freuen.

Heute ist das Netz sehr schwer. Kein Wunder: Wir haben achtzehn Fische gefangen! Meine Finger tun mir schon weh, als ich den dritten Fisch aus dem Netz entwirre, dabei ist es heute noch nicht mal so kalt, nur minus zwölf Grad Celsius. Je schneller ich zu arbeiten versuche, desto mehr verheddern sich die Fische. Der Alte arbeitet langsam, als ob ihm die Kälte nichts ausmachen würde; seine weißen Fischerhandschuhe sind an den Fingerspitzen genauso gefroren wie meine.

»Das ist ein toller Fang, nicht?«, frage ich, um mich selbst ein bisschen aufzumuntern.

»Für heute vielleicht, aber nicht für damals. Damals konnte man das Netz kaum zwei Tage im Wasser lassen. Fing viel zu viele Fische. Überall haben die Leute damals auf Poplar Lake gefischt. Sind sogar mit Planierraupen und Anhängern auf den See gefahren.«

»Für ihre Hunde?«

»Nein«, lacht der Alte. »Kommerziell haben die gefischt. Haben ihn in der Fischfabrik verarbeitet und dann nach Süden verfrachtet.«

»Fischfabrik? Wusste ich gar nicht, dass wir eine hatten. Gibt's die noch?«

»Du kennst doch das blaue Gebäude mit dem Blechdach? Da, wo nebenan der alte *Hudson's Bay Company Trading Post* stand?«

Ich glaube, ich weiß, was er meint, obwohl ich mich nicht an den alten Pelzhandelsposten erinnern kann. Wenn ich recht habe, dann ist es das Gebäude, dessen Eingang und Fenster mit Brettern vernagelt sind. Ist schon cool, dass er sich noch daran erinnern kann. Ich wette, es gibt nicht mehr allzu viele Leute, die noch diese historische Zeit miterlebt haben – ich meine, Pelze und Fisch für Mehl und Zucker und all das einzutauschen und ein Hundeteam anstelle eines Autos zu haben.

Happys Besitzer hat sich bisher noch nicht gemeldet, und ich mache mir schon fast keine Sorgen mehr, dass er – oder sie – noch auftaucht. Happy wird immer mehr zu meinem Hund. Sie kommt, wenn ich sie rufe, aber ihr das beizubringen war einfach; sie will zu mir, sobald sie mich sieht.

Viel schwieriger ist es, ihr beizubringen, still sitzen zu bleiben, wenn ich nicht in ihrer Nähe bin. Aber der Alte lässt mich sein Zuggeschirr nicht an Happy ausprobieren bevor sie »Bleib« gelernt hat. Sobald ich mich einigermaßen vom Fischefiletieren aufgewärmt habe, versuche ich wieder, ihr »Bleib« beizubringen.

Ist gar nicht so einfach, weil ich noch nie einen Hund trainiert habe. Wenn ich »Bleib!« rufe, passiert meistens gar nichts. Happy ignoriert es einfach. Wir versuchen es wieder und wieder, aber es klappt nicht. Der Alte sieht mir zu, mischt sich aber nicht ein. Ich habe meine Zweifel, dass Happy es jemals kapieren wird.

»Was soll ich denn machen?«, frage ich.

»Der Hund, der weiß genau, dass du nicht glaubst, dass sie hört.«

»Wirklich?«

»Versuch es noch mal. Aber diesmal zweifele nicht daran, dass sie sitzen bleibt.«

»Bleib!«, befehle ich Happy. *Bitte, bitte, bleib doch sitzen*, denke ich leise. Es macht keinen Unterschied. Sie rennt um mich herum, als ob sie Fangen spielen wollte.

Der Alte zeichnet mit einem Stock eine Linie in den Schnee.

»Auf dieser Seite der Linie ist das Eis unsicher. Wenn dein Hund die Linie überschreitet, bricht sie durchs Eis.« Er packt Happy am Halsband und zerrt sie auf die andere Seite der Linie. »Bleib!«, befiehlt er. Sein Kommando ist fordernd, nicht zögerlich wie meins, und Happy kauert sich nieder. Als der Alte weggeht, will Happy sofort zu mir rennen, aber ich stehe auf der anderen Seite der Linie.

»Nein! Bleib!«, rufe ich laut. Ich sehe vor meinem inneren Auge, wie Happy ertrinkt, wenn sie nicht sitzen bleibt. Ich halte meine Hände hoch, um ihr zu zeigen, dass ich sie keinen Schritt weitergehen lassen werde. Es funktioniert! Happy verlagert ihr Gewicht von einer Pfote auf die andere, aber sie überschreitet die unsichtbare Grenze nicht.

»Platz!«, sage ich, und meine Aufmerksamkeit ist ganz auf Happy gerichtet. Ich stell mir vor, wie ich sie mit meinen Händen runterdrücke, so wie ich es zuvor schon mal probiert habe, aber diesmal mache ich es nur mit meiner Stimme. Und Happy kauert sich nieder!

Auf einmal versteht Happy, dass ich etwas von ihr will, wenn

112

ich mit ihr rede, und sie wird immer besser darin, herauszufinden, was genau das ist.

Wir üben »Sitz«, »Platz«, »Bleib« und »Komm«. Acimosis läuft neben uns her, und manchmal führt auch er die Kommandos aus, die ich Happy gebe. Meistens aber nur, wenn er weiß, dass ich Belohnungen in der Tasche habe.

Das Training klappt immer besser, aber dann schleicht sich Happy plötzlich davon. Sie hat genug – wie ein Kind am Ende des Schultages. Ich rufe sie ein letztes Mal und lobe sie, während ich sie hinter den Ohren kraule. Dann lasse ich sie mit Acimosis spielen. Wenn ich da bin, brauchen wir sie schon gar nicht mehr anzubinden.

Ich sehe ihnen beim Raufen zu und stell mir vor, wie es wohl wäre, den ganzen Hof voller Hunde zu haben, die alle glücklich mit dem Schwanz wedeln, sobald sie mich sehen. Ich gehe von Hund zu Hund und streichele jeden, dann lege ich ihnen das Geschirr an und spanne sie an meinen Schlitten. Ich rufe »Platz«, und sie warten alle geduldig, bis ich mich auf den Schlitten stelle. Sobald ich »Los« rufe, springen sie auf, und wir fliegen aus dem Hof und hinunter zum See, während der kalte Wind mir ins Gesicht bläst.

Leider gibt es da ein kleines Problem bei der ganzen Sache: Ich habe nur einen Hund – vielleicht auch zwei, wenn der Alte mir erlaubt, Acimosis einzuspannen. Manchmal komme ich mir so vor, als ob alles nur ein Kinderspiel wäre. Als ich klein war, haben mein Cousin und ich immer so getan, als ob unsere Stoffhunde Schlittenhunde seien. Wir haben sie an einen Schuhkarton gespannt und sind mit ihnen durch die Wohnung gefahren. Damals haben wir uns auch eingebildet, es wären echte Schlittenhunde.

113

KAPITEL 14

Justin nennt mich den hundelosen Hundeflüsterer – und das war noch eine der eher harmlosen Beschimpfungen seit unserem letzten Streit. Na klar tut es weh, dass mein bester Freund auf einmal so gemein zu mir ist, und es gibt mir allen Grund, ihm die kalte Schulter zu zeigen. Trotzdem werde ich das Gefühl nicht los, dass es eher eine faule Ausrede meinerseits ist. Es ist einfacher, sauer auf ihn zu sein, als ihm zu sagen, dass ich keine Zeit für ihn habe. Und dass ich nicht will, dass er Happy und den Alten kennenlernt. Zum einen, weil ich nicht sicher bin, ob er Happy verletzen würde, zum anderen, weil ich meine Erfahrungen auch gar nicht mit Justin teilen will. Wahrscheinlich würde er sowieso alles lächerlich finden, und dann fände ich es vielleicht auch nicht mehr so cool.

Aber Justin hat recht: Ich fühle mich hundelos. Gestern habe ich ein neues Poster aufgehängt.

HUND GESUCHT!
Suche einen jungen, starken Hund.
Am liebsten Husky oder Huskymischling.
Kann ein gutes Zuhause bieten.

Bisher hat noch niemand angerufen.

Happy zu finden, war so leicht. Ich habe nicht mal richtig nach einem Hund gesucht. Es war eher so, dass sie mich gefunden hat. Also dachte ich, es wäre ganz einfach, noch einen oder zwei mehr zu finden. Aber obwohl so viele Streuner auf der

Straße herumlaufen, trifft man kaum einen, der so aussieht, als würde er einen Schlitten ziehen können.

Nachdem ich Fischsuppe für Happy und Acimosis gemacht habe, schlendere ich auf der Suche nach möglichen Schlittenhunden durch Poplar Point.

In unserer Straße kommen mir zwei entgegen, deren Körper ungefähr so groß wie der Happys, aber deren Beine nur halb so lang sind. Beim Bear Place finde ich ein ganzes Rudel Hunde. Zwei sind noch Welpen, und man kann nicht sagen, was sie mal werden, wenn sie ausgewachsen sind. Die Welpen laufen einem bräunlichen Hund hinterher, dessen Fell so lang ist, dass er fast gar nichts sehen kann. Und dann ist da noch einer, der wie ein Schäferhund aussieht. Er schnappt nach den Welpen, ich mache lieber einen Bogen um ihn herum.

Da ist noch einer in dem Rudel. Ein Schwarz-Weißer. Eines seiner Ohren steht steil nach oben, das andere hängt nach unten. Er sieht am ehesten nach einem Schlittenhund aus. Er ist ein bisschen größer als Happy, aber immer noch kleiner als Acimosis. Seine Beine scheinen zum Rest seines Körpers zu passen.

Er ist ganz freundlich, und ich streichele ihn eine Weile. Ich frage mich, ob er wohl ein guter Schlittenhund sein würde und ob ich ihn einfach mal ausprobieren sollte, aber dann kommt es mir nicht richtig vor. Ich will nicht, dass irgendjemand denkt, ich wäre ein Hundedieb. Außerdem sieht der Hund ganz glücklich und zufrieden aus, wie er mit seinen Hundekumpeln auf der Straße rumhängt. Wahrscheinlich will er nicht mal mit mir mitkommen. Ich seufze. Vielleicht sollte ich den Traum vom Hundeschlittengespann doch endlich aufgeben und einfach nach Hause gehen.

Ich zähle noch drei weitere Hunde auf dem Nachhauseweg, aber nur einer sieht ein wenig wie ein Schlittenhund aus. Ich habe ihn schon öfter gesehen. Er ist immer an einer riesigen, schwarzen Mülltonne angebunden. Wenn die Tonne voll ist, liegt er einfach nur da, als ob er eine Schatzkiste bewacht. Wenn sie leer ist, zieht er sie manchmal ein Stückchen hinter sich her. Sie ist schwer, und mehr als ein paar Zentimeter schafft er es meistens nicht. Er ist schüchtern und kriecht immer davon, wenn ich ihn streicheln will, aber wenn ich wieder gehe, kommt er immer ganz nah an mich heran. Als ob er nicht so richtig weiß, was er will. Er ist neugierig, aber seine Angst ist stärker. Sein Fell ist gräulich-weiß mit ein bisschen Braun auf dem Rücken und um die Ohren. Ich nenne ihn Saddric, weil er Happys Bruder sein könnte, außer, dass er trauriger als sie ist.

»Hey, Saddric, wie geht's?« Ich halte ihm meine Hand hin. Er steht so weit weg von mir wie möglich und streckt dann aber seinen Hals, damit er meine Hand ganz vorsichtig beschnuppern kann. Ich erwarte jedes Mal, dass er umkippt, aber das passiert nie. Heute lässt er sich sogar unter dem Kinn streicheln.

Ich mag ihn. Er wirkt sanft und bedächtig.

»Hättest du ihn mal gekauft, als ich nur fünfzig Mäuse für ihn haben wollte. Jetzt kostet er hundert.«

Ich erkenne die Stimme sofort. Es ist der Mann, der angerufen hat, als ich Happys Besitzer gesucht habe. Seine Stimme hört sich kehlig an, so wie die der Country-Musiker bei Poplar Point Radio. Rau, aber nicht unfreundlich. Ich drehe mich um und sehe einen Mann, ungefähr im Alter meiner Mutter. Ich bin mir nicht sicher, ob er einfach nur Scherze macht, also sage ich erst mal gar nichts.

»Willste nicht wissen, wo die Preiserhöhung herkommt?«

»Hm?«

»Weil ich meine Uhr in der Einfahrt verloren habe, und er sie gefressen hat. Die Uhr hat mich fünfzig Mäuse gekostet.« Er lacht über seinen eigenen Scherz, und ich zwinge mir ein müdes Lächeln ab.

»Jetzt aber mal im Ernst. Willste den Hund? Fünfzig Dollar.« Er hält mir die Hand entgegen, als ob der Handel schon abgeschlossen wäre.

»Ich habe kein Geld«, sage ich und will schon gehen, aber dann habe ich plötzlich eine Idee. »Ich kann mit Fisch bezahlen.«

»Wenn du ihn nicht kaufen kannst, kannst ihn ja leasen. Du kriegst den Hund, aber wenn du irgendwelche Rennen mit ihm gewinnst, krieg ich meinen Anteil. Das machen die bei dem Riesenrennen in Alaska – beim Iditarod. Wenn du, sagen wir mal, mit zehn Hunden ins Ziel kommst, und mein Cheerio hier ist in deinem Team, dann krieg ich ein Zehntel von deinem Gewinn. Wenn du den teuren Truck gewinnst, dann krieg ich die vier Räder«, er lacht schallend und klatscht mir auf die Schulter. »Was meinst du, Lance?«

»Jeremy«, verbessere ich ihn.

»Jeremy Cook, Lance Mackey, ist doch gleich. Sag bloß nicht, du hast noch nie vom Iditarod gehört?«

Natürlich. Wer hat denn nicht vom längsten und härtesten Schlittenhunderennen der Welt gehört? Und Mackey ist sowieso der beste Musher. Er hat es echt schwer gehabt, als er aufgewachsen ist: nicht viel Geld und dann auch noch Krebs, und trotzdem hat er schon mehrmals gewonnen – aber darum geht es ja nicht.

118

»Ich fahre keine Rennen«, erkläre ich ihm.

»Ne? Na, wieso hast du dann Schlittenhunde?«

»Woher weißt du, dass ich Schlittenhunde habe?«

»Kleine Siedlung. Weiß doch jeder, dass die Cooks wieder ins Hundegeschäft einsteigen.«

Die Cooks? Ja, sicher. Als ob Mom dabei wäre.

»Ich habe erst einen«, murmele ich leise.

»Jetzt sind es zwei.« Er bindet ein Seil an Cheerios beziehungsweise Saddrics Halsband und gibt mir die behelfsmäßige Leine.

Als ich mit Cheerio bei seinem neuen Zuhause ankomme, fällt mir fast die Hand ab. Cheerio hat die ganze Zeit seitlich gezogen, sodass er so weit weg von mir wie möglich sein konnte. Mann, hat der eine Kraft! Kein Zweifel, dass er ein großartiger Schlittenhund sein wird. Er hat mich hinter sich hergezogen, als ob ich nicht mal da wäre. Alles, was ich machen konnte, war, ihn in die richtige Richtung zu stupsen und mich dann am Seil festzuhalten. Hoffentlich hat keiner aus meiner Schule gesehen, wie Cheerio mich spazieren geführt hat.

Jetzt, wo er mit Happy und Acimosis zusammen ist, ist er wie ausgewechselt. Er spielt nicht so wild wie Acimosis und springt auch nicht so freudig herum wie Happy, aber man kann ihm deutlich ansehen, dass er sich entspannt. Er ist wie ein kleines Kind am Rande des Spielplatzes, das so gerne mit den großen Kindern spielen würde, aber nicht richtig weiß, wie. Als die beiden anderen Hunde um ihn herumjagen, reagiert er immer noch ein bisschen schüchtern, aber sein Schwanz wedelt wie wild, und es sieht so aus, als hätte er ein Lachen im Gesicht.

Als ich ihn anbinde, wehrt er sich nicht dagegen. Wenn

Happy und er beide am Ende ihrer Ketten stehen, können sie sich berühren. Und da sitzt Cheerio am liebsten, so nah bei Happy wie möglich, als ob er schon immer hierhergehört hätte. Vielleicht war mein Traum vom Hundeteam doch nicht so dumm. Bald kann Justin mich nicht mehr den hundelosen Hundeflüsterer nennen. Ich pfeife vor mich hin, während ich durch den Hundeyard laufe und Hundescheiße in einen Eimer schaufle.

Der Alte inspiziert meinen neuen Hund.

»Das ist …«, fang ich an, aber dann weiß ich nicht weiter. »Sein echter Name ist Cheerio, aber ich habe ihn immer Saddric genannt. Wie soll ich ihn nennen? Vielleicht ist es besser, seinen alten Namen zu behalten?«

»Früher hat ein Hund seinen Namen erst verdienen müssen, weißt du. Wir haben ihnen erst Namen gegeben, wenn sie sich bewährt hatten. Wenn es ein guter Hund war, dann hat er einen Namen wie TwoDog bekommen oder Fast Runner. Andere hießen einfach Brownie oder Blackie.«

»Was ist mit Acimosis? Wie hat er seinen Namen bekommen?«

»Acimosis hat sich schon als Welpe bewährt.«

»Wie denn?«

Der Alte streichelt dem Hund sanft über den Kopf. »Du hast einem Jungen das Leben gerettet, nicht wahr?« Acimosis legt seine Pfote auf den Arm des alten Mannes und wimmert leise, fast so, als ob er reden würde. Ich will unbedingt wissen, wie er dem Jungen das Leben gerettet hat, aber es ist nicht der richtige Moment, um zu fragen. Es ist, als ob kein Platz für mich ist in der stillen Unterhaltung, die er mit seinem Hund führt. Also zerhacke ich gefrorenen Fisch mit der Axt, hole Wasser aus dem See und mache ein Feuer, um Fischsuppe zu kochen. Ich habe inzwischen so viele Feuer gemacht, dass es fast ohne nachdenken geht. Den Flint benutze ich allerdings nicht oft. Streichhölzer sind einfach schneller.

»Das ist also das berühmte Hundeschlittenteam.«

Ich wirbele herum, als ich Justins Stimme höre. Die Fischsuppe kocht über, und es stinkt nach verbranntem Fisch. Ich greife den Topf und setze ihn in den Schnee.

»Wie hast du mich gefunden?«, frage ich und versuche, das Zittern meiner Hände hinterm Rücken zu verbergen.

»Mal sehen. Ein Rabe hat's mir zugeflüstert? Schlaue Detektivarbeit? Oder hat's mir deine Mutter gesagt?« Justin streicht mit der Hand durch die Luft wie ein Zauberer, der mit einer einzigen Bewegung das Imperium seines Feindes vernichten will. »Hättest du mir auch selbst sagen können.«

»Was meinst du?«

»Na, das mit den Hunden.«

»Ich dachte, es würde dich nicht interessieren.«

»Und wer hat das gesagt?« Justins Stimme ist eiskalt, und seine Augen blitzen gefährlich. Plötzlich höre ich ein Knurren hinter mir. Ich drehe mich schnell um.

Der Alte hackt Holz. Acimosis steht vor ihm. Seine Ohren sind zurückgelegt, und die Nackenhaare stehen ab. Er senkt seinen Kopf und starrt Justin dabei ununterbrochen an. Ich kriege ein ungutes Gefühl. Ich muss Justin so schnell wie möglich von hier wegkriegen. Aber wie?

»Ich habe dir doch gesagt, dass ich ein Hundeteam haben will«, verteidige ich mich.

»Konnte ich doch nicht wissen, dass du das ernst meinst. Ich dachte, du spinnst. Denke ich auch immer noch. Guck dich doch mal um! Das ist doch total deprimierend hier. Lass uns abhauen und was machen, das Spaß macht.«

»Geh schon mal. Ich … Ich muss noch die Hunde füttern.« Es hört sich eher wie eine Frage an, so als ob ich wollte, dass Justin damit einverstanden ist. Ist er aber nicht.

»Mensch, was ist denn aus dir geworden? Vor Kurzem haben wir noch zusammen die Straßen unsicher gemacht, Videospiele gespielt – und jetzt? Du schaufelst Hundekacke als neuen Zeitvertreib? Im Ernst? Weißt du noch, als wir zum ersten Mal hier waren und du den alten Köter am Schwanz gezogen hast? Da hatten wir noch Spaß. Du und ich – zusammen.«

Ich werfe schnell einen Blick zum Alten und hoffe, dass er nicht gehört hat, was Justin gesagt hat.

»Okay, okay«, sage ich beschwichtigend.

»Nee, nicht okay. Gar nichts ist okay!«

Plötzlich habe ich Angst vor Justin – oder vielleicht auch um ihn. Weiß ich nicht so genau. Wenn er bloß aufhören würde, mich so anzuschreien. Acimosis kommt näher. Langsam. Schritt für Schritt. Sein Knurren ist kehlig. Bedrohlich. Justin muss das doch hören, oder nicht?

»Ich glaub, es ist besser, wenn du jetzt gehst«, sage ich, weil ich mir Sorgen mache, was passiert, wenn Acimosis uns erreicht.

»Was? Willst du das wirklich? Kein Problem. Deine Entscheidung. Aber komm ja nicht bei mir an, wenn dir all das hier zu langweilig wird.«

Er dreht sich um. Am liebsten würde ich ihm hinterherlaufen und alles erklären, aber in dem Moment läuft Happy schwanzwedelnd auf Justin zu, und dann passiert das Unverzeihliche: Er tritt sie. Happy jault auf und verkriecht sich in ihr Haus. Acimosis springt Justin entgegen.

»Acimosis!« Die Stimme des Alten donnert wie ein Peitschenschlag. Acimosis bleibt stehen, aber sein Fell ist immer noch aufgestellt; sein Blick verfolgt Justin, der sich eilig auf den Weg zur Straße macht.

»Lass dich hier nie wieder blicken!«, schreie ich ihm hinterher. Aber als ich mich neben Happy setze und sie kraule, merke ich, dass ich nicht wirklich wütend bin. Nur traurig.

»Dein Freund?« Der Alte steht plötzlich neben mir.

Ich zucke mit den Schultern. »Nicht wirklich.«

»Ich füttere die Hunde. Geh du deinem Freund hinterher.«

»Danke«, sage ich, aber als ich zur Wegkreuzung komme, folge ich Justin nicht. Ich gehe nach Hause, lege mich ins Bett und ziehe mir die Decke über den Kopf, obwohl es draußen noch nicht mal dunkel ist.

KAPITEL 15

Es ist warm und gemütlich, wo ich bin. So wie zu Hause unter meiner Decke. Ich fühle, wie sich etwas gegen mein Gesicht drückt. Warm und ein bisschen feucht. Ich höre eine gedämpfte Stimme. Sanft, ruhig und irgendwie weit weg, als ob ich nicht ganz wach wäre.

»Guter Hund. Atta Girl!«, ruft die Stimme. Sie kommt mir bekannt vor, aber ich weiß nicht, woher. Da sind auch andere Geräusche. Als ob etwas Schweres durch den Schnee gezogen wird, und dann das leise Hecheln von Hunden. Haha, ha, haha, ha. Es hört sich melodisch an, wie leise Trommelschläge, und ich werde schläfrig, so richtig schläfrig.

»Jeremy!«, ruft eine Stimme. Diesmal bin ich mir sicher, sie zu kennen.

Plötzlich ist es ganz hell um mich herum.

»Was ist denn mit dir los? Bist du krank? Wieso bist du um fünf schon im Bett, und das an einem Samstag?« Mom hat meine Bettdecke im Arm und guckt mich besorgt an.

»Nein, mir geht's gut«, murmele ich und versuche, zu meinem Traum zurückzukehren, aber es ist zu spät. Ich bin hellwach.

»Hast du schon deinen Hund gefüttert?«

»Hm.«

Mom hat überraschend wenig gesagt, als ich ihr mitgeteilt

125

habe, dass der Alte Happy für mich behält. Ich weiß aber nicht, wie sie die neueste Nachricht verkraften wird.

»Ich habe jetzt zwei«, beginne ich zögerlich und spreche dann schnell weiter, sodass sie keine Zeit hat, zu protestieren: »Weißt du, auf der Lynx Street? Der Hund, der immer an die Mülltonne angekettet ist? Sein Besitzer wollte ihn nicht. Kennst du den Mann? Er hat was Merkwürdiges gesagt. Dass die Cooks schon mal Schlittenhunde hatten oder so?« Ich rede so, als ob es sich nur um Small Talk handeln würde, als ob sie mich gefragt hätte, wie es in der Schule war.

Mom seufzt und setzt sich. »Ich glaube, ich weiß, wen du meinst. Der trägt immer eine rot-schwarz karierte Holzfällerjacke? Macht dauernd Witze?«

»Ja, genau der.«

»Nimm dich besser vor ihm in Acht. Der verkauft dir noch einen Hund, der gar nicht ihm gehört.« Mom grinst, und ich weiß, sie macht nur Spaß. Dann wird ihr Gesicht ganz ernst.

»Die Familie deines Vater hatte Hunde. Sie waren die Letzten, die noch Hunde zur Arbeit eingesetzt haben. Dann gibt's da noch die Cooks in Caribou Narrows. Die haben Rennhunde. Vielleicht hat er uns ja mit denen verwechselt.«

»Hatte mein Vater Schlittenhunde?«

»Nein, er hatte nie ein eigenes Team. Er … oh Mist! Die Kartoffeln!«

Ich höre, wie Wasser auf dem Herd zischt, Mom rennt in die Küche, um das Abendbrot zu retten.

KAPITEL 16

Ich kann einfach nicht fassen, wie viele Leute auf einmal ihren Hund loswerden wollen – oder den Hund vom Nachbarn. Ich hatte heute drei Anrufe, und Mom sagt, gestern hat auch schon jemand angerufen. Deswegen war sie wahrscheinlich auch nicht überrascht, als ich ihr von Cheerio erzählt habe. Wir haben uns auf maximal drei Hunde geeinigt, weil drei das gesetzliche Limit ist. Mit Acimosis wäre der Alte mit einem Hund über dem Limit, aber ich halte es für klüger, Mom nicht mit meinen Mathematikkünsten zu beeindrucken. Außerdem interessiert es sowieso niemanden, wie viele Hunde ich habe – außer Mom. Ich habe ihr versprochen, dass sie mich nicht daran erinnern muss, meine Hunde zu füttern. Sie traut dem Alten immer noch nicht richtig, aber ich glaube, sie hat sich damit abgefunden, dass ich zu ihm gehe.

Ich hätte mit der Beschreibung auf dem Poster ein bisschen genauer sein sollen – eine Mindestgröße oder so was angeben. Selbst wenn ich Leuten erzähle, dass ich einen Hund suche, der einen Schlitten ziehen kann, versuchen sie mir immer noch ihre Winzlinge anzudrehen. Einer hat mir erzählt, dass sie früher Hunderennen zum Spaß hatten, wo nur Hunde unter dreißig Zentimeter Höhe teilnehmen durften. Super, aber ich will seinen Zwergpudel trotzdem nicht. Ich muss immer wieder an den schwarz-weißen Hund mit dem Schlappohr denken, doch sein Besitzer ruft nicht an.

Beim dritten Anrufer habe ich endlich Glück. Der Hund ist fast ganz schwarz, nur seinen Pfoten sind hellbraun, und über jedem Auge hat er einen hellen Punkt. An der Seite seines Gesichts ist das Fell auch ein bisschen heller. Es sieht aus, als ob ihm jemand einen Blitz aufgemalt hätte.

Der Besitzer stupst ihn zum Abschied leicht mit dem Fuß. Seine Kinder wollten einen Welpen, aber dann ist er ihnen irgendwann langweilig geworden, und jetzt ist er einfach nur lästig.

»Also komm nicht auf den Gedanken, ihn wiederzubringen, klar?«, sagt er noch, als er schon die Tür zuschiebt.

Ich knie mich vor den Hund und flüstere ihm ins Ohr, dass ich das auf keinen Fall machen werde. »Du bleibst bei mir. Und lästig wirst du mir niemals.«

Danach folgt der Hund mir, als ob er schon immer zu mir gehören würde, obwohl ich ihn noch nie zuvor gesehen habe. Wir sind schon hinter der Neubauanlage, wo sie Unmengen Kies angekarrt haben, um dem Sumpf noch Bauland abzugewinnen, als mir auffällt, dass ich nicht nach dem Namen des Hundes gefragt habe.

»Wie wäre es mit Lightning?«, frage ich, und der Hund wedelt mit dem Schwanz. Aber dann entscheide ich mich, lieber zu warten, bis ich ihn angespannt habe. Dann kann ich ihm den Namen geben, den er verdient.

Ich glaube, der Alte mag meinen neuen Hund. Als er sieht, wie der Hund mir folgt, nickt er wohlwollend, und dann holt er das Zuggeschirr aus dem Schuppen.

»Versuch dieses.«

Es passt ganz leicht über seinen Kopf.

»Nicht gut. Zu locker.« Er reicht mir ein anderes Geschirr, und diesmal muss ich es hin- und herwackeln, bis es endlich über den Kopf des Hundes gleitet.

»Gut.«

Ich probiere Geschirre aus, bis ich je ein passendes für Happy, Cheerio und Lightning (der ja eigentlich noch namenlos ist) habe. Ich dreh mich um, um dem Alten zu sagen, dass ich startklar bin, aber dann bleibe ich lieber still. Der Alte kniet vor seinem Hund, ein Knie im Schnee, auf dem anderen stützt er sich ab. Acimosis trägt ein Geschirr, und die beiden haben eine ihrer stummen Unterhaltungen. Die Hände des Alten zittern, und der Hund stupst ihn aufmunternd mit der Schnauze an.

Plötzlich fühlt sich mein Magen ganz warm und flauschig an. Acimosis ist in meinem Team! Aber dann zieht der Alte Acimosis das Geschirr wieder aus und den anderen Hunden auch.

»Merk dir gut, wem welches Geschirr gehört. Wir markieren sie, und dann sind sie alle bereit für nächste Woche.«

»Nächste Woche? Warum kann ich denn nicht jetzt los?«

»Die Hunde sind noch nicht alle an dich gewöhnt. Kennen dich noch nicht gut genug. Wenn du bloß einen neuen Hund hast, geht das, aber nur neue Hunde im Team zu haben, ist nicht gut.«

Frustriert folge ich ihm in die Hütte. Ich schreibe die Namen der Hunde auf die jeweiligen Geschirre. Acimosis, Happy, Cheerio. Lightnings lasse ich noch frei.

»Du musst deine Hunde kennen. Das ist der Unterschied zwischen einem guten Hundeführer und einem nicht so guten Hundeführer. Du musst die richtige Sprache mit ihnen finden«, erklärt der Alte, während er Tee eingießt.

»Welche Sprache meinst du? Cree oder Englisch?«

Der Alte lacht. »Manchmal auch das. In meiner Familie haben wir immer ›u‹ und ›cha‹ für links und rechts benutzt. Das ist Cree. Eines Tages habe ich einen neuen Hund bekommen. ›Spitzenleithund‹, hat mir der Vorbesitzer versprochen. Also spanne ich ihn ganz vorn an, sage ›cha‹, als ich rechts abbiegen will, doch nichts passiert, der Hund läuft einfach geradeaus weiter. Ich versuche es wieder und wieder, aber der Hund hört nicht. Also kommt er weiter nach hinten ins Team. Ich bin sauer, weil ich viel Geld für den Taugenichts bezahlt habe.

Dann ist Winterfestival. Mein Freund Tom überredet mich, mich beim Hundeschlittenrennen anzumelden. Sein Team ist dicht neben meinem, als wir zum Wendemarker kommen. Tom ruft ›haw‹, und der neue Hund springt nach links, als ob er von einer Wespe gestochen wurde, zieht sogar den Leithund mit um die Kurve, und wir machen so eine schnelle Wende, dass wir Tom überholen und das Rennen gewinnen. Was habe ich gelacht. Mein Hund sprach nur Englisch!« Der Alte grinst. Er hält sich an der Rücklehne seines Stuhles fest, als ob er auf seinem Toboggan stehen würde.

»Was hast du dann gemacht? Gee und haw benutzt?«

»Nur für kurze Zeit. Als ich wusste, was der Hund verstand, war es nicht schwer ihm ›u‹ und ›cha‹ beizubringen.«

»Was soll ich denn für meine Hunde benutzen?«

»Es ist egal, welche Menschensprache du benutzt, solange du Hund sprichst.«

Am darauffolgenden Samstag ist es endlich so weit. Wir spannen die Hunde an den Schlitten. Mein Herz pocht wie verrückt, ich kann kaum abwarten, dass es endlich losgeht.

Mein einziges Problem ist: Die Hunde interessiert das Schlittenfahren kein bisschen. Ich spanne Acimosis als Leithund an, weil ich ihn am längsten kenne, dann Happy, Cheerio und ganz hinten Lightning. Die Hunde sind alle hintereinander angespannt, so wie das früher üblich war, mit Zugleinen an jeder Flanke. Single file nennt der Alte es. Mein Team sieht richtig lang aus. Als ob ich acht Hunde in Zweierpärchen angespannt hätte, wie die modernen Musher es bei den Rennen machen.

»Hike! Mush! Los! Auf! Rennt doch los!« Happy dreht sich zu mir um und verheddert sich in den Zugleinen. Sie versucht, mit Cheerio hinter ihr zu spielen, kann ihn aber nicht erreichen, also beginnt sie, ihre Zugleine zu zerkauen. Der Alte greift ihre Schnauze, bevor sie das Leder durchbeißt, und schüttelt sie sanft, aber bestimmt. Acimosis sieht den Alten erwartungsvoll an und wedelt mit dem Schwanz, als ob er auf eine Belohnung warten würde. Cheerio zieht seitwärts, um so weit wie möglich von dem Alten und mir wegzukommen. Ihm scheint die ganze Sache gar nicht geheuer. Nur Lightning steht konzentriert da und schaukelt vor und zurück, als ob er Schwung holen wollte, um den Schlitten anzuziehen.

»Was nun?«, frage ich.

»Sieh dir deine Hunde an. Die sagen dir schon, was du machen sollst.«

»Wirklich?«

»Spann den als Leithund an, der am meisten wie einer aussieht.«

Ich tausche Acimosis und Lightning, was gar nicht so einfach ist, weil Lightning ja ganz hinten ist. Also muss ich jeden Hund wieder losmachen, bevor ich die Positionen der beiden tauschen kann. Ich kann nicht alle Hunde gleichzeitig halten, und Cheerio rennt in seine Hütte, sobald er frei ist. Als ich ihn endlich wieder aus seiner Hütte gelockt habe, hat der Rest der Hunde den Schneeanker losbekommen und den Schlitten zum Schuppen gezogen, wo wir den gefrorenen Fisch aufbewahren.

Wo ist denn der Alte? Warum hilft er mir nicht? Ich gucke mich suchend um. Er steht neben seiner Hütte und grinst von einem Ohr zum anderen. *Ist gar nicht lustig*, will ich schon rufen, aber dann denke ich mir, dass ich es wahrscheinlich auch lustig finden würde, wenn das jemand anderem passieren würde. Es ist nur nicht lustig, wenn ich es bin, über den gelacht wird.

»Hey! Jetzt reicht's aber! Ihr wisst alle ganz genau, was ›Platz!‹ heißt. Also: ›Platz!‹ Auch du, Happy! Ich meine es ernst!« Ich zieh die Hunde am Halsband dahin, wo sie eigentlich sein sollten, und versuche daran zu glauben, dass sie sich alle brav hinlegen. Als sie es wirklich tun, bin ich aber doch überrascht.

Ich ziehe den Schneeanker. »Okay, auf geht's!«

Lightning läuft erst zögerlich und dann immer schneller los, der Rest der Hunde folgt ihm. Wir sausen aus dem Hof, genau so, wie ich es mir vorgestellt habe. Für ungefähr hundert oder zweihundert Meter. Dann fängt Happy an zu tänzeln und sich nach hinten umzudrehen. Keine Sekunde später wird sie durch den Schnee geschleift. Das Team hält an, Happy rollt sich fröhlich im Schnee herum und versucht dann wieder, Cheerios Gesicht abzuschlecken. Sie verheddert sich dermaßen, dass ich es nicht schaffe, die Leinen zu entwirren. Also bleibt mir nichts anderes übrig, als alle wieder auszuspannen. Happy und Cheerio rasen spielend nach Hause zurück. Acimosis guckt mich kurz an und läuft dann Happy und Cheerio hinterher. Im Nu ist auch er verschwunden. Nur Lightning ist noch da. Ich bin echt sauer, dass die anderen mich so einfach im Stich lassen. Lightning lehnt sich gegen meine Beine und winselt leise.

»Danke, dass du nicht auch abgehauen bist, mein Freund.« Ich kraule Lightning hinter den Ohren, und er hört auf zu winseln. »Wenn ich die Situation richtig beurteile, dann sind du und ich die, die den Schlitten zurückzubringen dürfen.«

Ich hebe die Zugleine auf und ziehe. Der Toboggan ist viel schwerer, als ich dachte. Als die Hunde ihn gezogen haben, sah es ganz einfach aus. Da flog er so schnell über den Schnee, dass ich beinahe erleichtert war, als die Hunde anhielten, denn ich war mir nicht sicher, wie lange ich noch aufrecht stehen geblieben wäre. Jetzt wünsche ich sie mir sehnlichst zurück.

»Acimosis! Happy! Cheerio!« Ich muss dreimal rufen, bevor sie wie der Blitz zu uns zurückgerannt kommen. Die Zungen hängen ihnen aus den weit geöffneten Mäulern, und die Schwänze fegen übermütig durch die Luft. Sie sehen so glücklich aus, dass ich noch nicht mal mehr sauer auf sie sein kann. Happy und Acimosis springen mich an, und ich falle rücklings in den Schnee, was sie sofort ausnutzen, um mir eine Gesichtswäsche mit ihren schlabberigen Zungen zu verpassen. Cheerio rennt in sicherer Entfernung um uns herum, und Lightning bellt uns alle an.

»Hey!«, rufe ich lachend. »Ihr seid Schlittenhunde. Habt ihr das schon wieder vergessen? Also los jetzt. Wir versuchen es noch mal.«

Ich befreie mich von den Hunden und spanne Happy wieder an. Cheerio kann ich nicht einfangen, also spanne ich Acimosis als Nächsten an. Lightning reiht sich von selbst an der Spitze des Teams ein, als ob er genau dort am liebsten ist. Er sieht aus wie ein Läufer, der auf den Startschuss wartet.

»Okay!«, rufe ich, und Lightning schnellt nach vorne. Die anderen zwei Hunde folgen ihm, und Cheerio läuft nebenher. Diesmal dreht Happy sich nicht um. Ich glaube, weil kein Hund hinter ihr ist, mit dem sie spielen will. Stattdessen versucht sie, dem Hund vor ihr näher zu kommen, und zieht wie verrückt. Wir sind in Windeseile zurück im Hof des Alten. Ich ziehe den Hunden die Geschirre aus und binde sie wieder bei ihren Hütten an. Cheerio muss ich aus Happys Hütte herausziehen, weil er sofort dort hineingerannt ist, mit Geschirr und Leinen, so dringend will er bei ihr sein.

»Ich sehe, du bist zurück«, der Alte lächelt mich an. »Was hast du gelernt?«, fragt er.

»Dass Hundeschlittenfahren nicht so leicht ist, wie's aussieht?«

Der Alte lacht. »Und was hast du über deine Hunde gelernt?«

»Hm … dass Lightning ein guter Leithund sein könnte?«

»Wieso glaubst du das?«

»Ich weiß nicht. Es ist fast, als ob er versucht herauszufinden, was ich will. Und wenn er etwas richtig macht, dann freut er sich wahnsinnig. Als ob er alles für mich tun würde, wenn er nur verstehen würde, was ich von ihm erwarte. Nicht wie Happy. Sie läuft einfach aus Spaß mit und weil die anderen Hunde dabei sind. Aber ich glaube, ihr ist es egal, ob wir mit dem Schlitten fahren, spazieren gehen oder ob sie mit Cheerio spielt, solange sie glücklich ist. Ich meine … ich will nicht sagen, dass ich ihr egal bin. Ich glaube schon, sie freut sich, wenn ich mich freue, aber sie verbringt nicht besonders viel Zeit damit, herauszufinden, was ich eigentlich will ... ich weiß nicht, wie ich das erklären soll. Ergibt das Sinn?«

»Sehr viel sogar. Was ist mit den anderen?«

»Ich glaube, Cheerio könnte auch gut sein. Aber er ist so verängstigt. Als ob er es lieber gar nicht erst versuchen würde, weil er keine Fehler machen will oder Angst hat, sich zu verletzen. Als ob er kein Selbstvertrauen hat. Wenn er mir vertrauen würde, dann könnte er, glaube ich, ein guter Schlittenhund werden.«

Der Alte nickt anerkennend.

»Und was hältst du von Acimosis?«, fragt er weiter.

»Acimosis? Ich weiß es nicht so richtig. Ich dachte, ich würde ihn am besten von allen kennen, aber jetzt bin ich mir da gar nicht mehr so sicher. Als Happy und Cheerio einfach abgehauen sind, hat Acimosis mich kurz angeguckt, und ich dachte, er bliebe bei mir, ist er aber nicht.«

»Hast du's ihm denn gesagt?«

»Was?«

»Dass er bei dir bleiben soll.«

»Daran habe ich gar nicht gedacht!«

Der Alte nickt wieder, dann geht er Richtung Hütte. Und da erst merke ich, dass meine erste Lektion nicht im Trainieren der Hunde bestand, sondern darin, sie kennenzulernen.

KAPITEL 17

Die Sonne versteckt sich noch hinter dem Horizont, als ich am nächsten Tag meine vier Hunde anspanne. Diesmal ist völlig klar, wen ich wo anleine. Happy ist ganz hinten – »wheel« nennt es der Alte.

»Der Wheeler ist deine Steuerung«, erklärt er mir. »Dieser Hund hilft, den Schlitten um die Kurven zu bekommen.«

Ich habe keine Ahnung, ob Happy ein guter Wheeler ist. Ich habe sie nur dort eingespannt, damit kein Hund hinter ihr ist, der sie ablenken kann. Vor Happy steht Cheerio, dann kommt Acimosis, beides Teamhunde, und schließlich Lightning als Leithund – der »leader«.

Die Hunde sind genauso aufgeregt wie ich. Happy bellt ununterbrochen; Cheerio hechelt so nervös, dass ihm der Speichel aus dem Mund fließt. Acimosis springt wie verrückt auf und ab, und Lightning schnellt ruckartig mehrmals nach vorne in der Hoffnung, den Schlitten loszubekommen. Ich halte mich am Schlitten fest und bücke mich, um den Anker herauszuziehen, aber der Alte stellt sich mit seinem Fuß darauf.

»Sie sind noch nicht startklar.«

»Nicht startklar?! Wenn du mich fragst, können sie nicht mehr länger warten.«

»Richtig. Können sie nicht. Also lernen sie es besser. Ich setze Tee auf.« Der Alte dreht sich um und geht.

Will er, dass ich ihm folge, oder soll ich mit den Hunden

hierbleiben, bis er wieder da ist? Ich gehe zu jedem Hund und befehle ihm »Platz«. Jeder einzelne hört auf mich, wenn ich ihn direkt anspreche. Das einzige Problem: Sie hören nicht gleichzeitig. Sobald ich mich von Happy abwende und mich zu Cheerio umdrehe, springt sie wieder auf und bellt wie verrückt. Cheerio kauert sich nieder, sobald ich ihn auch nur angucke, aber auch er bleibt nicht lange sitzen. Der Einzige, der ganz entspannt ist, ist Acimosis.

Ich werfe einen Blick zur Hütte. Der Alte beobachtet mich von der offenen Tür aus. Er hat in jeder Hand eine Teetasse und winkt mir damit zu.

»Platz!«, sage ich noch einmal. Und diesmal meine ich es ganz ernst. Ich will nicht, dass sie wieder im Fischschuppen landen.

»Danke«, sage ich und nehme die Tasse, obwohl mir überhaupt nicht nach Teetrinken zumute ist. Der Tee verbrennt mir fast die Zunge, also gebe ich ein bisschen Schnee in die Tasse, um ihn schneller abzukühlen. Ich drehe mich um und erwarte, dass mein Team völlig verheddert und chaotisch ist. Ist es aber nicht. Sie sitzen alle brav im Schnee und gucken mich an, ganz entspannt, als ob sie gleich mit uns Tee trinken würden. Es macht mich ungemein stolz, zu sehen, wie sie mich besser und besser verstehen. Und so schnell noch dazu.

Was ich aber am spannendsten finde, ist, dass sich alle so unterschiedlich verhalten, dass alle ihre eigene Persönlichkeit haben.

Acimosis' Kopf ruht auf seinen Vorderpfoten, und er ist kurz vorm Einschlafen. Lightning ist immer noch zum Absprung bereit, aber nicht mehr so angespannt, dass er am ganzen Körper zittert. Als ob er sagen würde: *Ich bin bereit, sag nur, wann es los-*

geht. Happy leckt sich mit Hingabe das Fell, als ob sie an nichts anderes denken würde. Cheerio sitzt so still, dass ich genau hinsehen muss, um zu sehen, dass er atmet.

»Kann ich jetzt los?«, drängle ich.

»Die Hunde sind bereit. Und du?«

Da wird mir klar, dass meine zweite Lektion über Geduld ist. Ich trinke also meinen Tee und spüle sogar noch die Tasse aus. Dann gehe ich zu den Hunden. Sobald ich mich auf den Schlitten stelle, springen alle gleichzeitig auf und fangen an zu bellen.

»Hey, so nicht! Platz! Hört ihr? Platz!«, rufe ich und gehe am Team entlang. Diesmal setzen sich alle vier wieder hin. Als ich zurück zum Schlitten gehe, springt nur Happy auf. Acimosis' Hinterteil ist leicht erhoben, irgendwo zwischen Sitzen und Stehen.

»Platz!«

Die beiden setzen sich wieder. Viermal noch muss ich sie ermahnen, bis endlich alle geduldig warten. Ich löse den Schneeanker.

»Okay!«, rufe ich.

Lightning erhebt sich zögerlich. *Dürfen wir jetzt endlich los?*, scheint er zu fragen. Acimosis' Hinterteil hebt sich vom Schnee.

»Los geht's! Prima Hunde!« Als sie mein Lob hören, springen sie alle erleichtert auf und rennen den Trail zum See hinunter.

Sie laufen am Wasserloch vorbei und dann den Trail entlang, der zu der Stelle führt, wo wir bis gestern das Netz hatten. Es ist kalt, und das Netz friert immer stärker ein, also haben wir es rausgenommen. Außerdem haben wir etliche Boxen mit Fisch für die Hunde.

139

Als Lightning zum Ende unseres getrampelten Pfades kommt, bleibt er so plötzlich stehen, dass Acimosis in ihn hineinläuft.

»Lauf weiter!«, feuere ich ihn an.

Lightning steht bis zur Schulter im Schnee und guckt mich fragend an.

»Du weißt nicht, wohin? Geh einfach geradeaus!«

Lightning wedelt mit dem Schwanz und läuft auf mich zu.

»Nein!«, rufe ich und stampfe meinen Anker in den Schnee. Ich renne zu Lightning und schiebe ihn wieder nach vorne. Happy ist hoffnungslos verheddert. Wie schafft sie das nur immer? Anstatt das ganze Team auszuspannen, rolle ich sie mehrmals herum, bis sich ihre Leinen wieder entwirrt haben. Mir wird heiß, trotz des kalten Tages.

Alles ist so gut gelaufen, bis wir zum Ende des Trails kamen. Warum will Lightning nicht weiter?

Wenigstens sind wir doppelt so weit wie gestern gekommen. Ich will schon umdrehen und nach Hause zurückkehren, als mir plötzlich etwas einfällt. Vielleicht brauchen sie eine Spur, der sie folgen können? Oder zumindest eine Idee, in welche Richtung sie laufen sollen?

Ich laufe vor dem Team her und trampele eine Spur in den Schnee. Es ist, als ob ich ihr Leithund wäre, die Hunde wollen mir unbedingt folgen. »Platz!«, rufe ich, aber die Hunde bellen wie verrückt und zerren an ihren Leinen. Ich will nicht, dass sie mir davonlaufen, also gehe ich sicherheitshalber nur ein paar Hundeteamlängen vorneweg und renne dann, so schnell ich kann, zum Schlitten zurück.

»Okay!«, rufe ich, sobald ich den Schneeanker in der Hand

habe. Die Hunde folgen meiner Spur, und dann – als er am Ende der Spur ankommt – zögert Lightning kurz. Der Schlitten hat den Tiefschnee erreicht, und das Ziehen wird schwerer.

»Guter Junge! Lauf weiter!«, feuere ich ihn an, und er läuft weiter.

Vor uns ist eine Schneemobilspur. Lightning sieht sie auch. Er läuft geradewegs auf sie zu, und dann schlägt er so plötzlich einen Haken, um dem Schneemobiltrail zu folgen, dass der Schlitten ins Schleudern gerät. Die Hunde werden immer schneller, jetzt, da sie die harte Spur unter den Pfoten spüren, und bevor ich weiß, wie mir geschieht, lande ich mit dem Gesicht im Schnee. Der Schlitten liegt umgekippt neben mir.

»Stopp!«, schreie ich, aber die Hunde haben längst angehalten. Ich rappele mich auf und stelle den Schlitten wieder auf. Noch bevor ich mit den Füßen wieder auf dem Trittbrett des Toboggans stehe, rennen die Hunde los. Im letzten Moment schaffe ich es, mich am Handgriff festzuhalten, dann verliere ich schon das Gleichgewicht, und die Hunde schleifen mich hinter dem Schlitten her.

»Stopp! Whoa!«, rufe ich, aber diesen Mal laufen die Hunde einfach weiter. Meine linke Hand rutscht vom Handgriff ab, und mein rechter Arm fühlt sich so an, als ob er mir gleich abgerissen würde. Am liebsten würde ich einfach loslassen, aber der Alte hat mir eingetrichtert, mein Team niemals, niemals davonrennen zu lassen. Genauer gesagt, ist das alles, was er mir überhaupt als Anleitung zum Hunderennen mitgegeben hat. Also beiße ich die Zähne zusammen und halte mich fest.

»Whoa!«, rufe ich noch mal, aber sie halten nicht, bis der Toboggan in eine Schneewehe gerät und umkippt. Ich angele mit meiner linken Hand nach dem Schneeanker, mit der rechten halte ich mich immer noch fest. Als der Anker gesichert ist, richte ich den Schlitten wieder auf. Die Hunde sehen mich schwanzwedelnd an. Fast kann ich das Grinsen in ihren Gesichtern sehen.

»Platz!«, befehle ich japsend. Als sich mein Atem einigermaßen beruhigt hat, stelle ich mich wieder auf den Schlitten und löse den Anker. Wer hätte gedacht, dass vier Hunde so viel Kraft haben? Es ist schon ein bisschen beängstigend, denn ich bin mir nicht sicher, wer hier die Kontrolle hat: die Hunde oder ich. Aber es macht auch Spaß. Riesigen Spaß. Um ehrlich zu sein, weiß ich gar nicht, wann ich letztes Mal so viel Spaß hatte. Vielleicht, als wir in der Kiesgrube Schlitten fahren waren.

Ich war acht, Justin neun. Damals haben wir einfach gespielt – dass wir wie jetzt nicht wussten, was wir zueinander sagen sollten, kam nie vor. Wir hatten uns einen Schneemobilschlitten ausgeliehen. Im Grunde war der gar nicht so anders als mein Hundeschlitten. Er war aus Birkenbrettern und vorne auch gekrümmt, damit kein Schnee in den Schlitten kommt, nur breiter und schwerer. Wir waren zu zehnt und haben den Schlitten die ganzen fünf Kilometer zur Kiesgrube gezerrt. Einige von uns saßen im Schlitten, die andern zogen. Als wir oben auf der Kieshalde angekommen waren, sind wir alle in den Schlitten geklettert. Wir waren rasend schnell, bis wir mit einem Felsbrocken zusammengeprallt sind. Der Schlitten blieb so plötzlich stehen, dass wir alle herausgeschleudert wurden. Einer nach dem andern sind wir aufeinander gelandet und haben so gelacht, dass Leo sich in die Hose gemacht hat, und dann haben wir noch mehr gelacht.

Komisch, dass ich gerade jetzt daran denken muss. Damals habe ich mir vorgestellt, meine Freunde, die gezogen haben, wären Hunde und ich der Musher.

Ich wünschte, Justin könnte mich jetzt sehen. »Okay! Los!«, rufe ich. Die Hunde folgen der Schneemobilspur auf den See hinaus in Richtung der Inseln, die weit entfernt aus dem Eis herausragen. Vorsichtig drehe ich mich um. Ich kann noch immer vereinzelt Rauch von Häusern sehen, aber die Häuser selbst sind immer schwieriger vom Ufer abzugrenzen. Mir wird ein bisschen mulmig. Zeit, wieder zurückzufahren. Ich kenne das Kommando zum Umkehren nicht; weiß gar nicht, ob es das überhaupt gibt. Also rufe ich bei der ersten Schneemobilspur, die unsere kreuzt, »Haw!«. Die Hunde laufen einfach weiter. Ich versuche es auf Cree. »U!« Lightning dreht sich kurz um, läuft aber geradeaus weiter.

»U!«, versuche ich es noch mal.

Lightning bleibt stehen.

»Nein! U! Links! Lauf nach links!«

Lightning zieht vorwärts. Er läuft zögerlich, dreht sich immer öfter um.

»U! Haw!« Meine Hunde sprechen anscheinend weder Cree noch Englisch. Es ist so, als ob man Zweijährige dazu bringen wollte, einem eine Cola aus dem Kühlschrank zu holen. Erst bringen sie dir ihr Lego, dann zeigen sie auf ihren Teddy, und wenn du es endlich geschafft hast, sie dazu zu bewegen, den Kühlschrank aufzumachen, dann bringen sie dir den Senf. Ich glaube, Lightning würde auf mich hören, wenn ich ihm nur klarmachen könnte, was ich von ihm will.

»Whoa!«, rufe ich und lasse den Anker durch den Schnee schleifen. Die Hunde bleiben stehen.

»Passt auf! U!«, rufe ich und stampfe einen Kreis direkt vor Lightning in den Schnee. »U, u, u!«, wiederhole ich.

Lightning wedelt mit dem Schwanz und folgt meinen Spuren, bis wir wieder auf dem Schneemobiltrail sind. Ich löse den Anker, und im Nu fliegen wir Richtung Poplar Point.

Ich bin so stolz auf die Hunde und auch auf mich, dass ich mir das Grinsen nicht verkneifen kann. Als wir uns der Hütte des Alten nähern, sehe ich jemand auf dem See stehen. Erst denke ich, das ist bestimmt der Alte, der nach mir Ausschau hält, aber als wir näher kommen, sehe ich, dass er sich viel schneller als der Alte bewegt. Es ist Justin!

»Hey Justin! Hier! Hier bin ich!«, rufe ich und fuchtele wie wild mit meinem Arm. Dann fällt mir ein, dass wir gerade nicht beste Freunde sind, und ich bin froh, dass er zu weit weg ist, um mich hören zu können. Hoffentlich hat er nicht gesehen, dass ich wie ein Idiot gewunken habe.

Die Person verschwindet zwischen den Fichten, und jetzt bin ich mir gar nicht mehr so sicher, ob es wirklich Justin war. Was hätte er denn hinter der Hütte des Alten zu suchen gehabt?

Als ich am Montagnachmittag zum Hundefüttern gehe, lehnt ein Paar Schneeschuhe an der Schuppenwand. Der Alte sagt, ich solle einen Schlaufenparcours in den Schnee stapfen, damit ich den Hunden rechts und links beibringen kann.

Es ist schon spät, als ich damit fertig bin, also muss ich bis morgen warten. Aber es ist sowieso besser, wenn mein Trail über Nacht hart friert.

Am Dienstag spanne ich Lightning und Acimosis an. Nur die zwei, damit ich mehr Kontrolle habe. Jedes Mal, wenn wir zu einer Kreuzung kommen, rufe ich »u« oder »cha«. Zuerst muss ich jedes Mal anhalten und ihnen zeigen, in welche Richtung es gehen soll, aber es dauert nicht lange, bis sie wissen, dass sie die Richtung wechseln sollen.

Als wir zurückkehren, bin ich erledigt und verschwitzt. Die Hunde wissen jetzt, dass u oder cha heißt, wir biegen ab, aber sie können sich nicht merken, welches Kommando rechts und welches links bedeutet. Also rennen sie einfach in irgendeine Richtung, wenn es die falsche ist, rufe ich »Nein!«, dann rennen sie in die entgegengesetzte. Es hilft auch nicht gerade, dass ich mich selbst ein paarmal vertue. Sobald ich zu Hause bin, schreibe ich u für links und cha für rechts auf meine Handschuhe. Ich bin ganz erstaunt darüber, wie schnell die Hunde gelernt haben und wie einfach es bisher war. Fast zu einfach.

KAPITEL 18

Am Mittwochmorgen bin ich richtig guter Laune, obwohl wir in der dritten Stunde einen Mathetest haben. Justin war mal wieder zu spät, und damit fiel das bewusste Ignorieren und das Zuwerfen abschätziger Blicke vor dem Unterricht aus. Aber es ist mir so oder so egal, weil ich nämlich gleich nach der Schule mit den Hunden rausgehe. Ich kann kaum erwarten zu sehen, ob Lightning auch auf ›links‹ und ›rechts‹ hört, wenn das ganze Team hinter ihm ist. Ich stelle mir vor, wie wir auf den See fahren, wie ich ›cha‹ rufe und …

BANG! Ein entfernter Gewehrschuss reißt mich aus meinen Tagträumen. Dann noch ein Schuss. Diesmal ist er näher. Ich höre ein herzzerreißendes Jaulen, einen weiteren Schuss, dann bedrückende Stille. Selbst der Lehrer hört mitten im Satz auf zu reden.

Ich beiße mir ganz fest auf die Lippe, um die Tränen zurückzuhalten. Ich habe es gestern im Radio gehört. Irgendein Kind wurde letzte Woche von einem Rudel streunender Hunde gejagt und ist wohl ziemlich schlimm gebissen worden. Die Eltern waren schrecklich wütend, und jetzt ist er da. Dog-Shooting-Tag.

Gestern habe ich alle Ketten und Karabiner doppelt überprüft, doch jetzt habe ich trotzdem ein mulmiges Gefühl. Ich will bei meinen Hunden sein, aber ich kann nicht einfach aus dem Unterricht rennen und den Mathetest verpassen. In dem Moment schiebt mir Annika einen Zettel zu. Ich erkenne Justins Handschrift sofort.

Weißt du noch, wie wir Billys Hund am Dog-Shooting-Tag losgemacht haben?

Unter der Nachricht ist die Zeichnung eines Hundes – ohne Kopf. Ich kann fühlen, wie mir das Blut aus dem Gesicht weicht, und höre meinen eigenen Herzschlag in den Ohren.

Ich spring auf und bin aus der Tür, bevor der Lehrer Zeit hat, meinen Namen hinter mir herzurufen. Ich renne den ganzen Weg zum Alten, und dann stehe ich nach Luft japsend vor den Hundehütten. Es ist unheimlich still im Hof. Normalerweise kommen die Hunde immer gleich aus ihren Hütten, wenn sie mich sehen. Happy läuft immer im Kreis und springt dabei wie ein Hürdenläufer über das Dach ihrer Hütte. Lightning winselt ganz ungeduldig, bis ich ihn streichele. Acimosis schiebt seine Schnauze unter meine Jacke und niest dann erst mal gründlich. Und Cheerio guckt aus seiner Hütte, zwei Pfoten drinnen, in Sicherheit, zwei Pfoten draußen.

Heute kommt niemand. Die Ketten liegen nutzlos im Schnee. Meine Hand verkrampft sich um den zerknüllten Zettel von Justin.

Ich höre, wie eine Autotür zuknallt, und drehe mich zur Straße. Das Poplar Point Family Taxi rattert die Straße hinunter, und der Alte schlurft zum Haus, mit Einkaufstüten beladen. Als er mich sieht, fangen seine Augen zu strahlen an, als ob er mich gleich anlächeln würde. Aber dann bemerkt er die leeren Hundehütten. Gleichzeitig zerreißt ein Gewehrschuss die Luft. Mit einem dumpfen Schlag fallen die Einkaufstüten zu Boden. Kartoffeln und Dosenbohnen rollen in den Schnee.

»Acimosis«, stöhnt der Alte, und ich kriege einen dicken Kloß im Hals, weil alles meine Schuld ist. Hätte ich nicht all die Hunde in den Hof des Alten gebracht, dann wäre Acimosis jetzt hier und nicht meinen Hunden hinterhergelaufen am schlimmstmöglichen Tag dafür.

Am liebsten würde ich einfach laut schreien, aber ich bekomme keinen Ton heraus. Ich beiße mir auf die Lippe. Der Geruch von Blut hängt plötzlich über Poplar Point wie der Geruch von Wasser an einem nebeligen Tag. Ich kann ihm nicht entkommen, er scheint überall zu sein. Ich kann ihn sogar schmecken, diesen schweren, metallischen Geruch.

Ein weiterer Schuss.

»Acimosis«, wispert der Alte und blickt nach oben in den Himmel. Als ob Acimosis schon zu weit weg wäre, um ihn noch auf Erden hören zu können.

Aber Acimosis antwortet. Ein leises Winseln, flehend, herzzerreißend. Es kommt von der Hintertür.

Der Alte und ich starren uns an, als ob wir gerade aus einem schrecklichen Albtraum aufgewacht wären, und dann laufen wir um die Hütte herum. Acimosis kauert auf der Türschwelle. Er zittert so stark, dass die Tür hin und her wackelt, als ob sie mit ihm zittern würde. Acimosis wedelt steif mit dem Schwanz, als er uns sieht, und kriecht dann zwischen die Beine des Alten.

Die Tür ist ganz zerkratzt, und als ich mich zu Acimosis beuge, um mein Gesicht in seinem Fell zu vergraben, sehe ich, dass eine seiner Krallen abgebrochen ist. Winzige Blutstropfen färben den weißen Schnee dunkelrot.

Der Alte öffnet die Tür. Acimosis stürzt ins Haus und verkriecht sich unter dem Küchentisch. Ich wische mir mit dem Handrücken die Tränen vom Gesicht, und da erst bemerke ich, dass meine Lippe blutet. Daher also der Geruch von Blut.

Ich habe immer noch einen widerlichen Geschmack im Mund, als ich längst wieder draußen auf der Straße bin.

»Happy! Cheerio! Kommt!«, rufe ich im Laufen. Ich habe Lightning immer nur in Gedanken so genannt. Dass ich ihn nicht mal mit einem Namen rufen kann, den er kennt, macht mir schwer zu schaffen. Ich will nicht, dass er namenlos stirbt. Ich will gar nicht, dass er stirbt!

»Lightning!«, rufe ich und fühle mich ein bisschen besser, jetzt, wo ich wenigstens meine eigene Stimme seinen Namen rufen höre.

»Happy! Cheerio! Lightning!« Ich renne, bis ich so starke Seitenstiche bekomme, dass ich japsend stehen bleibe. Zwischen jedem Atemstoß brülle ich die Hundenamen so laut, wie ich kann. Ein Autofahrer hupt mich an, und ein dreckig-grauer Truck fährt einen weiten Bogen um mich herum. Erst jetzt wird mir bewusst, dass ich mitten auf der Landstraße stehe, die aus Poplar Point herausführt. Wieso denn das? Das macht doch gar keinen Sinn. Warum sollten die Hunde ausgerechnet hier sein?

Und dann wird mir klar, dass ich gar nicht wirklich auf der Suche war. Ich war auf der Flucht, vor dem, was ich nicht finden will. Aber das hilft den Hunden auch nicht. Ich muss sie finden. So schnell wie möglich. *Mach schon! Denke wie ein Hund!*

Wohin würden sie wohl laufen? Ich renne zu Cheerios altem Zuhause, aber er ist nicht da. Ich glaube nicht, dass Lightning den Wunsch hätte, seinen Vorbesitzer wiederzusehen, aber ich gucke trotzdem nach. Nichts.

Als ich die Straße überquere, kommt mir ein zotteliger, kleiner Hund entgegen. Kurz darauf kommt ein Truck um die Ecke.

Ich kann den Fahrer nicht erkennen, aber ich sehe das Gewehr aus dem Fenster lehnen.

»Nein!!!«

Der Schuss gellt in meinen Ohren und erstickt meinen Schrei. Meine Knie zittern, aber ich drehe mich nicht um, sondern laufe weiter, nach Hause, in der Hoffnung, dass Happy dort ist.

Happy ist nicht bei mir zu Hause. Wohin jetzt? *Denke wie ein Hund!* Vielleicht sind sie ja gar nicht auf der Straße. Vielleicht sind sie ja im Wald, Hasen jagen. Ich lache fast erleichtert auf, als ich mir vorstelle, wie Happy durch den tiefen Schnee stapft, mit der Schnauze den Hasenspuren folgt und im Zickzack hin und her läuft.

Ich beschließe also, zum Haus des Alten zurückzukehren und den Busch hinter der Hütte abzusuchen. Mein Mund ist furchtbar trocken; meine Seiten fühlen sich an, als ob jemand mit einem Messer in meinen Rippen herumbohrt, und meine Beine zittern so stark, dass ich Angst habe, sie werden einfach unter mir wegsacken. Ich muss etwas trinken. Es ist nicht weit bis zu *Andy's Tankstelle*, also überquere ich die Straße.

Und da sehe ich sie. »Happy! Happy!«

Happy lässt ihre Chipstüte fallen und kommt freudig auf mich zugesprungen. Sie leckt meine Hand wie verrückt, und ich lache und weine und umarme sie, alles gleichzeitig. Ich will sie nie wieder loslassen, als ob alles wieder gut werden würde, solange ich Happy einfach festhalte.

Aber ich weiß, ich muss die anderen beiden finden. Ich gucke mich um. Andy beobachtet mich von den Stufen beim Eingang. Er spuckt Sonnenblumenkernschalen in den Schnee und nickt in Richtung des alten, fensterlosen Trucks, der schon seit

Jahren hinter den Benzinpumpen steht. Da ist was unter dem Truck. Es ist schwer zu sehen, weil der Schnee drum herum so tief ist. »Komm, Happy!« Ich laufe zum Truck und knie mich in den Schnee.

»Cheerio!« Cheerio starrt mich mit geweiteten Augen an und kriecht tiefer unter den rostigen Wagen. Ich strecke meine Hand nach ihm aus und spreche ganz ruhig mit ihm. Seine Pfoten strecken sich meiner Hand entgegen, aber er scheint immer noch unschlüssig, ob er sein Versteck verlassen will. Selbst wenn ich ihn davon überzeugen kann, bin ich mir nicht sicher, ob er mir folgen würde. Ich ziehe die Schnur meiner Kapuze aus meiner Jacke und locke Cheerio näher, bis ich ihn unter dem Kinn streicheln kann. Ganz vorsichtig und langsam bewege ich meine Hand Richtung Halsband, und dann greife ich zu. Ich ziehe Cheerio unter dem Truck hervor. Er sträubt sich, und fast hätte ich loslassen müssen, aber dann steht er zitternd neben mir, und ich binde die Schnur an sein Halsband. Als wir bei Andy vorbeikommen, winkt er mir zu.

»Hast du den anderen gesehen? Den Schwarz-Braunen?«, frage ich.

»Welchen anderen? Ich dachte, du hättest keine Hunde.«

»Hatte ich letztes Mal auch nicht … aber jetzt schon.« Ich kann kaum glauben, dass es erst ein paar Wochen her ist, seit ich Happy bekommen habe, und noch kürzer, seit ich Cheerio und Lightning habe. Es kommt mir vor, als ob ich sie schon immer gehabt hätte.

»Hast du ihn gesehen oder nicht?«, frage ich.

»Nee, ich glaube nicht, aber ich achte auch nicht besonders auf die Hunde, solange sie hier keinen Ärger veranstalten.

152

Die Hundejäger waren schon zweimal hier. Hab auch einmal Schüsse gehört, weiß aber nicht, ob sie wen erwischt haben.«

»Falls er hier vorbeikommt, Lightning, meine ich …« Ich weiß nicht, worum ich ihn bitten soll. Mich anrufen macht wenig Sinn, weil ich ja draußen bin, um nach Lightning zu suchen, und ein Handy habe ich nicht. »Kannst du ihn vielleicht in Sicherheit bringen?«

»Glaubst du, ich will einen der Köter bei mir in der Tanke haben?«

»Kannst du ihn dann vielleicht anbinden? An den alten Truck vielleicht?«

»Mal sehen.«

»Bitte!«

»Okay, okay, mach ich wohl, aber jetzt sieh zu, dass du den weißen Köter von meinem Mülleimer wegkriegst.«

»Happy!« Happy huscht mit schuldbewussten Schwanzwedeln zu mir herüber, einen KFC-Karton im Maul. Sie erinnert mich irgendwie an meine kleine Cousine, als sie drei war und ich sie mit beiden Händen im Erdnussbutterglas erwischt habe.

Happy springt um Cheerio und mich herum, als wir uns auf den Weg zum Alten machen. Cheerio zieht mal in die eine, dann in die andere Richtung, immer weg von mir. Aber als ich anfange zu rennen, rennt er einfach neben mir her, kaum noch Zug an meiner Schnur. Jedes Mal, wenn er einen Schuss hört, lässt er sich zu Boden fallen, als ob er getroffen worden wäre. Ich streichele ihn beruhigend, und wenn wir dann wieder loslaufen, läuft er jedes Mal ein bisschen näher neben mir her. Als die Hütte in Sicht kommt, ist er so nah bei mir, dass sein Fell mein Bein streift.

Happy läuft vorweg, und Cheerio zieht plötzlich so stark, dass mir die Schnur durch die Finger rutscht. Beide Hunde sind in Happys Haus, als ich in den Hof komme. Ich kette sie an, und dann stürme ich in die Hütte. Der Alte sitzt auf seinem Bett und sieht aus dem Fenster, als ob er auf jemand wartet. Acimosis liegt zu seinen Füßen, die abgetragenen Mokassins des Alten als Kopfkissen. Er wedelt kurz mit dem Schwanz, als er mich sieht, weicht aber nicht von der Seite des alten Mannes.

»Hast du Lightning gesehen?«, japse ich, »den Neuen?«

Der Alte schüttelt den Kopf.

»Happy und Cheerio sind wieder da.«

Der Alte nickt. »Sie sind jetzt sicher. Dafür sorge ich. Aber du …«, der Alte deutet mit seinen Lippen Richtung Wassereimer, »trink du erst mal was. Und nimm dir einen Keks.«

Ich schnappe eine Tasse vom Tisch und tauche sie in den Wassereimer. Ich trinke so schnell, dass mir das Wasser am Kinn hinunterläuft. Im Hinausgehen greife ich nach einem Keks. Ich kriege einen fürchterlichen Hustenanfall, als ich versuche, ihn im Rennen zu essen. Also bleibe ich stehen. Ich weiß sowieso nicht, wo ich noch gucken soll, aber ich kann auch nicht einfach untätig rumsitzen und hoffen, dass Lightning von alleine seinen Weg nach Hause findet. Ein Auto kommt die Straße entlang, und ich halte es an.

»Hast du einen schwarzen Hund gesehen?«, frage ich den Fahrer.

»Deinen?«

»Ja.«

»Wie genau sah er denn aus? Ich habe gerade einen gesehen …«, er braucht den Satz nicht zu beenden. Ich verstehe schon, was er meint. Das Gesicht des Mannes ist plötzlich unscharf, und ich fahre mir schnell über die Augen.

»Er ist ungefähr so groß und hat eine Markierung im Gesicht, die wie ein Blitz aussieht ...« Meine Stimme versagt.

»Hey, hey, ist schon gut. Der, den ich gesehen habe, war viel kleiner. Komm rein, wir gucken zusammen.«

Es dauert nicht lange, bis wir alle Straßen von Poplar Point abgeklappert haben. Lightning ist nicht auf der Hauptstraße, wo der Trading Post, das Hotel, der Einkaufs- und Ramschladen sind. Er ist auch nicht im Trailer Park neben dem Reservat oder im Neubaugebiet, neben den heruntergekommenen Mehrfamilienhäusern, wo die neuen Lehrer immer wohnen, bis sie einen Job unten im Süden ergattern können. Wir fahren sogar zur Sägemühle und zur Müllkippe. Nichts.

Bei *Andy's* kommen uns die Hundejäger entgegen. Eine braune Pfote ragt über die Ladefläche heraus. Mir wird schlecht, und ich schließe schnell die Augen.

»Ich lass dich hier an der Schule raus«, sagt mein Fahrer und gibt mir einen freundschaftlichen Klaps auf die Schulter. Ich gehe zu den Schaukeln und schaukele vor und zurück, vor und zurück, und denke dabei an Lightning und dass er so voller Leben war.

Das Bild von der Pfote auf der Ladefläche will mir einfach nicht aus dem Kopf. Ich wünschte, ich hätte nicht die Augen zugekniffen, als wir an den Hundejägern vorbeigefahren sind, aber ich konnte nicht hingucken. *Es war nicht Lightning,* rede ich mir ein. *Er lebt noch. Bitte.*

Die Schulglocke klingelt und reißt mich aus meinen Gedanken. Mir ist überhaupt nicht danach, mit irgendjemand zu reden

155

oder Mr Burns zu erklären, warum ich den Mathetest versäumt habe.

Aber dann muss ich plötzlich an Justin denken und daran, wie Annika mir den Zettel zugeschoben hat, und ich frage mich auf einmal, wer die Hunde losgelassen hat. Plötzlich fühle ich, wie Zorn in mir aufwallt. Und das fühlt sich irgendwie gut an. Besser auf jeden Fall, als mir die Augen auszuheulen und nichts dagegen tun zu können, dass Lightning verschwunden ist.

Ich renne in die Schule. Justin ist der Letzte, der den Klassenraum verlässt. Noch bevor er mich gesehen hat, schmeiße ich mich mit meinem ganzen Gewicht auf ihn und drücke ihn gegen die Wand.

»Wo ist er?«, schreie ich. »Bring ihn zurück! Ich will ihn wiederhaben!«

Und dann bricht meine Wut plötzlich in sich zusammen, und die Kraft verlässt meine Arme.

»Was hast du getan?«, schluchze ich, dann geben auch noch meine Knie nach, und ich rutsche an der Wand entlang auf den Boden. Ich vergrabe mein Gesicht in meinen Armen, weil ich nicht will, dass jemand sieht, wie ich wie ein Baby flenne. Ich fühle Justins Hand auf meiner Schulter und schüttele ihn ab. Ich will einfach nur allein sein.

»Hey, Jeremy, heulst du, weil du deinen Mathetest versaut hast? Boo-hoo!« Bobs Stimme. Mir doch egal, was er denkt.

»Lass ihn in Ruhe«, sagt Justin. »Verzieh dich. Bist doch auch sonst nie der Letzte, wenn Schule aus ist, also warum bist du noch hier? Hier gibt's nichts zu sehn.«

Ich höre, wie sich ihre Schritte entfernen, während sie sich weiter anpöbeln.

156

Ich riskiere einen schnellen Blick den Gang hinunter. Niemand ist mehr da. Schnell schlüpfe ich aus der Schule.

Ich suche nach Lightning, bis es dunkel wird. Nachdem die Schule vorbei war, habe ich keine Schüsse mehr gehört. Es ist vorüber. Mein Kopf fühlt sich leer an, irgendwie hohl, als ob da, wo alle meine Gefühle einmal waren, nichts mehr ist.

Ich gehe zum Alten und lege mich zwischen Happys und Cheerios Hütten in den Schnee. Happy leckt mein Gesicht, und als ich nicht darauf reagiere, legt sie sich einfach neben mich und steckt ihre Schnauze unter ihren Schwanz. Ich weiß nicht, wie lange ich einfach so daliege. Der Alte setzt sich für eine Weile zu mir und legt mir seine Jacke über, bevor er wieder verschwindet.

Und dann höre ich Moms Stimme. »Komm, Jeremy, lass uns nach Hause gehen.«

Ich lasse mich von ihr hochziehen und nach Hause führen. Ihr Arm ist um meine Hüfte geschlungen, und sie muss mich die Stufen zum Haus beinahe hochtragen. Dann legt sie mich aufs Sofa und bringt mir eine Schüssel Chili. Sie schiebt einen Film in den DVD-Player und setzt sich neben mich. Wir starren den Fernseher an, aber ich glaube nicht, dass einer von uns wirklich hinguckt.

Ich werfe ihr einen Blick von der Seite zu und sehe, wie das blaue Flimmern des Fernsehens sich in ihren Tränen spiegelt. Ich nehme ihre Hand und lehne mich gegen ihre Schulter. Ich weiß nicht, wer versucht, wen zu trösten. Ist aber auch egal, weil es eh nicht zu funktionieren scheint.

KAPITEL 19

»Kra, kra, kra!«

Der Ruf eines Raben lässt mich aus dem Schlaf hochschrecken. Ich versuche mich aufzusetzen, aber ich bin in dicken Wolldecken verheddert. Dann ein plötzlicher Ruck, und das kratzende Geräusch eines Schlittens, der durch den Schnee gezogen wird.

»Jeremy!«, ruft jemand.

Ich kämpfe mich von den schweren Decken und der nach Fisch stinkenden Plane, die mich bedeckt, frei. Es ist kalt. So kalt, dass es sich anfühlt, als ob sich winzige Eiszapfen in meiner Nase bilden. Die Hunde jagen dem Raben hinterher. Sie laufen so schnell, dass ich hin und her geworfen werde, wenn der Schlitten gegen hart gepackte Schneewehen prallt. Ich weiß, dass etwas nicht stimmt, aber ich weiß nicht, was.

»Jeremy! Spring! Spring aus dem Toboggan!«

Ich dreh mich um. Jemand läuft hinter dem Schlitten her. Wenn ich nur zu ihm könnte, dann wäre alles wieder gut, aber der Schlitten ist zu schnell. Ich fange an zu weinen. Der Mann wird zu einem kleinen schwarzen Punkt im endlosen Weiß des Sees, und dann ist er ganz verschwunden.

Etwas kitzelt mich im Gesicht. Ich reibe meine Wange und fühle die kratzige Zunge eines Hundes, eines Welpen. Er ist noch so klein. Ein winziges Fellknäuel. Sandfarben.

»Jeremieeeeeeee!« Die Stimme verklingt in der Ferne. Dann

höre ich ein seltsames Klopfgeräusch. Als ob etwas von unten gegen das Eis klopft.

»Jeremy!« Das Klopfen wird lauter. *Bum, bum, bum.* »Wach auf!«

Ich reiße meine Augen auf. Im ersten Moment weiß ich nicht, wo ich bin, dann erkenne ich unser Wohnzimmer. Ein grünes Licht schimmert von der Uhr des DVD-Players. Drei Uhr sechzehn. Ich bin erleichtert, dass es nur ein Traum war, aber dann höre ich das Klopfen wieder.

»Jeremy!«

Jemand hämmert gegen unsere Tür. Ich taste meinen Weg zum Hauseingang und stolpere fast über die Wolldecke, in die ich eingewickelt bin. Ich öffne die Tür, und da steht Justin. Er trägt etwas Schweres in seinen Armen; es ist ganz schlaff – wie ein schlafendes Kind.

»Lightning?«, frage ich. »Ist er …?«

»Nein, er lebt. Aber er ist verletzt.« Justin betritt unser Haus und legt Lightning vorsichtig auf den Boden.

»Wo hast du ihn …?«, frage ich.

»Ist jetzt nicht wichtig. Er braucht Hilfe. Viel Glück.« Justin schließt die Tür vorsichtig hinter sich.

Ich schalte das Licht an und knie mich neben Lightning. Er hebt seinen Kopf und winselt, so wie er es immer tut, wenn er gestreichelt werden will. Ich kraule ihn hinter den Ohren, und er schließt die Augen. Er hechelt, als ob es ihm Schmerzen bereiten würde zu atmen. Und dann sehe ich, wie sich eine blutige Pfütze unter seinem Schwanz formt.

»Mom!«, schreie ich. Ich höre, wie sie ihre Schlafzimmertür

aufreißt, und dann steht sie vor mir: wie ein Gespenst in ihrem weißen T-Shirt und mit dunklen Ringen unter den Augen.

»Jeremy, was um alles in der Welt …« Dann sieht sie den regungslosen Hund und untersucht vorsichtig seinen Schwanz. »Er hat Glück gehabt. Die Kugel hat ihn nur gestreift. Hol mir eine Schüssel mit warmem Wasser und ein sauberes T-Shirt.«

Mom säubert Lightnings Wunde, während ich ihn beruhigend streichle. Sie reißt das T-Shirt in Streifen und macht einen Verband. Ich wische den Boden mit dem Rest des Shirts. Lightning winselt, als ich aufstehe, um die blutigen Lappen wegzuwerfen. Ich fülle noch schnell einen leeren Margarinebehälter mit Wasser, bevor ich mich wieder zu ihm setze. Lightning wedelt mit dem Schwanz, als er mich sieht, aber dann jault er auf. Es muss ihm wehtun, den Schwanz zu bewegen. Als ich das Wasser neben ihn stelle, richtet er sich auf und trinkt gierig.

»Hier«, sagt Mom und reicht mir das übrig gebliebene Hackfleisch vom Chili. Wir kaufen Hackfleisch immer in der Großpackung, und dann gibt es Chili mit Hackfleisch, Nudeln mit Hackfleisch und Suppe mit Hackfleisch, bis alles aufgebraucht ist. Morgen gibt's dann wohl vegetarisches Essen. Ich lächele Mom zu und stelle das Hackfleisch neben Lightning.

Er leckt sich die Lefzen, richtet sich aber nicht auf.

»Iss, Lightning, das brauchst du, damit du wieder gesund wirst.« Ich mache kleine Hackfleischkugeln und halte sie ihm unter die Nase. Er nimmt sie vorsichtig aus meiner Hand.

»Ich geh dann mal wieder ins Bett«, sagt Mom, »und wenn ich morgen früh aufwache, will ich keinen Hund im Haus haben.«

»Mom!«, protestiere ich.

»Aber ich habe wohl keine Wahl«, sagt sie und zwinkert mir

zu. »Mach dir keine Sorgen um ihn, er wird durchkommen. Er hat eine Menge Blut verloren, und davon muss er sich jetzt erholen. Aber das wird schnell gehen, solange sein Verband fest bleibt. Gute Nacht.«

»Danke«, sage ich, und dann hole ich meine Matratze und schlafe neben Lightning im Eingangsbereich.

Als ich am nächsten Morgen aufwache, liegt Lightning neben meinen Füßen auf meiner Matratze.

»Lightning! Lass dich bloß nicht von Mom erwischen!«

Er steht auf und streckt sich ganz gemächlich, als ob er sagen würde: »Matratze? Welche Matratze?«

Ich bleibe zu Hause, um mich um Lightning zu kümmern. Mom hatte erst darauf bestanden, dass ich zur Schule gehe, aber der Gedanke, dass sie im Flur in Hundekacke tritt, wenn sie nach Hause kommt, hat ihr dann doch nicht zugesagt. Außerdem muss sich jemand um die Wunde kümmern. Ich wechsele den Verband, immer, wenn ich Blut durchsickern sehe.

Am Abend bringt Mom echtes Verbandszeug und eine antibiotische Salbe von der Arbeit mit. Lightning frisst und trinkt alles, was in seine Reichweite kommt. Ich hatte echt Angst, dass er nicht durchkommt, aber jetzt rennt er schnüffelnd an unserem Zaun entlang und pinkelt an jeden Baum, als ob nichts passiert wäre.

Na ja, das ist nicht ganz richtig. Ab und zu winselt er und schnappt dann nach seinem Schwanz. Und er ist viel schreckhafter als zuvor. Bei jedem lauten Geräusch verkriecht er sich unter unserer Treppe. Aber er hat das Schlimmste überstanden. Jetzt braucht er einfach nur Zeit zum Gesundwerden.

Am Freitag gehe ich wieder in die Schule. In der Mittagspause renne ich nach Hause, um Lightning kurz rauszulassen. Er wartet direkt hinter der Tür auf mich, aber ich weiß, dass er nicht den ganzen Tag dort gesessen hat, weil unser Sofa voller Hundehaare ist.

Lightning und ich sitzen auf dem Boden. Ich wühle mit meinen Händen durch sein Fell, als ich Schritte auf der Treppe höre. Dann geht die Tür auf, und Justin steckt seinen Kopf herein.

»Hi«, sagt er. Ich sage nichts.

»Wie geht es ihm?«, fragt Justin.

»Ganz okay.« Ich will Justin nicht ins Haus lassen, weil ich ihn nicht in der Nähe von Lightning haben will. Ich bin mir immer noch nicht sicher, ob er die Hunde losgelassen hat.

Als ich ihn in der Schule gefragt habe, wie er Lightning gefunden hat, wollte er nicht so richtig mit der Geschichte herausrücken. Ich glaube, er hat ihn gesucht. Vielleicht hatte er ein schlechtes Gewissen, weil er die Hunde freigelassen hat, oder vielleicht auch nur wegen der Zeichnung auf dem Zettel oder einfach wegen unserem Streit. Ich weiß nicht. Ich will nicht schlecht über Justin denken, aber vertrauen kann ich ihm auch nicht mehr nach all dem, was passiert ist.

Also sag ich ihm, dass Lightning wieder ganz der Alte sein wird, und danke ihm für seine Hilfe. Ich will gerade die Tür zuschieben, als Lightning sich an mir vorbeischiebt. Dann springt er Justin an und legt seine Vorderpfoten auf seine Schultern. Im ersten Moment macht Justin einen erschrockenen Schritt zurück, aber dann steht er einfach da und starrt in Lightnings Augen, und Lightning starrt zurück. Er winselt leise, so wie er es tut, wenn er gestreichelt werden will. Für einen kurzen Moment fühle ich Eifersucht in mir hochkochen. Ich dachte, das wäre was Besonderes zwischen Lightning und mir. Aber dann sehe ich, wie Justin die Tränen in die Augen schießen, und er versucht noch nicht mal, sie zu verbergen oder einen dummen Scherz zu machen. Er steht einfach nur da. Ich weiß nicht, was ich tun soll, aber Lightning weiß es. Also schließe ich leise die Tür und lasse sie alleine; Justin und Lightning vertieft in einer Unterhaltung, zu der ich nicht dazugehöre.

KAPITEL 20

Es ist an der Zeit, dass Lightning zurück in seine Hütte im Hof des Alten zieht – zumindest meint meine Mutter das. Ich hätte nichts dagegen, wenn er in meinem Bett schlafen würde und mich als Erster begrüßt, wenn ich aus der Schule nach Hause komme, aber meine Meinung zählt nicht in Sachen Hund. Lightnings Wunde muss immer noch täglich gereinigt werden, doch es ist wirklich erstaunlich, wie schnell sie verheilt.

Ich habe die anderen Hunde seit Mittwoch nicht mehr besucht, und ich freue mich riesig, sie wiederzusehen. Lightning scheint auch ganz aufgeregt zu sein. Sobald wir das Haus verlassen, rennt er vor mir her die Straße hinunter. Bevor er außer Sichtweite gerät, bleibt er stehen und wartet auf mich. Es ist fast so, als ob er auf mich aufpassen würde, als ob er mich spazieren führt und nicht ich ihn.

Noch bevor Lightning den Hof erreicht, fangen die anderen Hunde an zu bellen. Acimosis läuft uns entgegen und begrüßt uns am Zaun. Seine Nackenhaare stehen ab, und er hält seinen Schwanz steif in die Luft. Lightning begegnet der eher formalen Begrüßung mit abstehenden Nackenhaaren seinerseits, aber dann rennt er freudig zu Happy. Cheerio rennt wie verrückt im Kreis. Ab und zu stoßen die drei zusammen, und dann kabbeln sie sich wie übermütige Erstklässler, die nach langem Unterricht endlich wieder nach draußen dürfen.

Ich lasse Happy und Cheerio frei, und die Hunde rennen im

165

Kreis um mich herum, sammeln alte Knochen auf, die die Raben hnen gestohlen haben, und jagen hintereinander her. Selbst Acimosis wird von ihrer Freude angesteckt, und der alte Hund springt freudig wie ein Welpe herum. Ich bin so glücklich dabei, ihnen beim Spiel zuzusehen, dass ich erst gar nicht bemerke, dass ich nicht der Einzige bin.

Der Alte steht in der Tür und grinst, als ob er gerade im Bingo gewonnen hätte.

»Sieht nicht so schlimm aus, wie ich dachte«, sagt er.

Ich habe plötzlich ein schlechtes Gewissen, weil ich ihm nur gesagt habe, dass ich Lightning gefunden habe und dass er angeschossen wurde, und ob er die Hunde füttern könnte. Dann war ich so damit beschäftigt, mich um Lightning zu kümmern, dass ich dem Alten gar nicht gesagt habe, dass es ihm schon wieder besser geht.

Wir sehen den Hunden beim Spielen zu. Happy kommt zu mir und leckt meine Hand. Ich kraule ihr den Kopf, und wenige Sekunden später schubst Lightning mich mit seiner Nase an, und dann scharrt Acimosis mit seiner Pfote am Bein des Alten. Selbst Cheerio kommt und lässt sich kurz unter dem Kinn kraulen, obwohl ich meinen Arm immer noch ganz schön weit austrecken muss, um ihn zu erreichen. Aber das ist Nebensache. Wichtig ist, dass ich mich plötzlich als Teil einer großen, glücklichen Familie fühle.

»Fährst du heute noch raus?« Der Alte nickt Richtung Schlitten. Daran hatte ich seit dem Vorfall mit Lightning gar nicht gedacht, aber jetzt kann ich es kaum erwarten, sie anzuleinen. Das einzige Problem ist, dass es heute richtig kalt ist. Der Rauch vom Ofenrohr der Hütte schießt senkrecht in die Luft, als ob selbst der Himmel versuchen würde, das bisschen Wärme, das er erhaschen kann, aufzusaugen. Die Bäume sind reifüberzogen, und der Schnee auf dem See glitzert wie Millionen kleine Sonnen. Ich glaube nicht, dass ich jemals bemerkt habe, wie schön es ist, wenn es so kalt ist. Vielleicht, weil ich normalerweise an so einem Tag drinnen bleibe, vielleicht aber auch, weil ich noch nie darauf geachtet habe. Wie dem auch sei, eines ist sicher: Ich bin nicht warm genug angezogen, um den Tag bei minus dreißig Grad auf dem See zu verbringen.

Es ist, als ob der Alte meine Gedanken gelesen hätte. Während ich noch zögere, reicht er mir ein paar Biber-Fäustlinge und Mukluks aus handgegerbtem Elchleder.

Sobald ich meine Hände in die Fäustlinge stecke, fühlt es sich an, als ob meine Hände in eine warme, kuschelige Decke gehüllt wären. Ich will sie gar nicht wieder ausziehen, aber ich kann meine Schneestiefel nicht mit den dicken Handschuhen wechseln. Können die Mukluks, die einfach nur aus Leder und Leinen gemacht sind, wärmer als meine Schneestiefel sein? Ich schlüpfe in die Filzinnenschuhe, dann binde ich die langen Lederriemen mit vor Kälte schmerzenden Fingern um die Mukluks. Die weichen Lederstiefel reichen mir fast bis zum Knie.

»Die sind ja viel wärmer als meine Stiefel!«, rufe ich überrascht. Der Alte lächelt. Er zieht ein paar weiße Baumwollfingerhandschuhe aus seiner Tasche und reicht sie mir.

»Damit du das kalte Metall der Karabiner nicht mit bloßen Händen anfassen musst«, sagt er.

»Kann Lightning mit? Lieber nicht, oder?«, frage ich.

»Solange seine Wunde nicht blutet oder infiziert ist, kann er mit.«

Ich lege einem Hund nach dem anderen das Geschirr an, und zwischendurch wärme ich meine Hände in den Biberhandschuhen. Es kommt mir vor wie eine Ewigkeit, bis alle angespannt sind, aber wenigstens sitzen die Hunde ganz geduldig da, als ob sie wissen würden, dass in der Kälte alles ein bisschen langsamer geht.

Aber als ich endlich den Schneeanker ziehe, springen sie auf und rennen so schnell, dass mein Schlitten kaum noch den Boden berührt. Und dann fliegen wir über die steile Uferkante. Der Schlitten landet laut krachend und wird seitwärtsgeschleudert. Ich ducke mich schnell und kneife die Augen zu, während ich darauf warte, in den Schnee geworfen zu werden. Sekunden später haben die Hunde den Schneemobiltrail erreicht, und zu meiner Überraschung stehe ich immer noch.

Nach einer Weile wechseln die Hunde zu einer weniger halsbrecherischen Geschwindigkeit, und der Schlitten gleitet sanft hinter ihnen durch den Schnee.

Ich schüttele einen Krampf aus meiner rechten Hand. Mir war gar nicht aufgefallen, wie fest ich mich an den Schlitten geklammert hatte. Ich löse meinen Griff und ziehe mir die Handschuhe von den Händen, um meine verschwitzten Hände abzukühlen. Keine gute Idee. Die Luft ist beißend kalt, und meine Hände tun sofort weh.

Die Tobogganbretter knirschen vor Kälte, und der Schlitten macht ein schleifendes Geräusch, als ob wir über Sand statt Schnee gleiten. Die Hunde lehnen sich in ihr Geschirr; auch sie müssen in der Kälte viel härter arbeiten.

Ein Rabe fliegt krächzend über uns hinweg und der Sonne entgegen, die im Winter nie hoch über dem Horizont steht.

Rechts und links neben der Sonne sind zwei Nebensonnen, die fast so hell wie die Sonne selbst scheinen. Ich versuche mich daran zu erinnern, wie es noch mal kommt, dass wir diese Halos sehen, aber alles, was ich noch vom Unterricht behalten habe, ist, dass es was mit kaltem Wetter zu tun hat und mit Eiskristallen, die Diamantenstaub genannt werden. Das weiß ich auch nur noch, weil ich mir damals vorgestellt habe, wie cool es wäre, wenn es echter Diamantenstaub wäre.

Und dann hör ich einfach auf zu denken. Ich sehe nur noch meinen Hunden beim Rennen zu. Cheerios Zunge floppt auf und ab, während er rennt. Wo sie seine Schnauze berührt, bildet sich weißer Schaum, der an seinem Gesicht kleben bleibt und dann gefriert. Happys Ohren hüpfen im Takt ihrer Schritte, und Acimosis' Ohren, die normalerweise immer aufrecht stehen, liegen jetzt zurück. Ich kann Lightnings Ohren nicht sehen. Sein Kopf ist geduckt, sein Rücken gewölbt. Ich glaube, er zieht am härtesten.

Dann plötzlich verändert sich sein Gang. Bis jetzt haben sich seine Vorderbeine immer parallel zueinander bewegt wie bei einem Hasen, der so schnell rennt, wie er kann. Aber jetzt bewegt sich sein rechtes Vorderbein mit dem linken Hinterbein. Sein Gang ist nun weniger ruckhaft, aber auch langsamer. Und dann ist es, als ob das ganze Team einen Gang herunterschalten würde zu einem bedächtigeren Trott. Werden sie müde? Woher weiß ich, dass ich sie nicht überanstrenge?

Ich gehe lieber auf Nummer sicher und drehe um. »Cha!«, rufe ich bei nächster Gelegenheit, wo sich Schneemobilspuren mit unserem Trail kreuzen. Lightning dreht sich kurz zu mir um und macht einen Schritt nach rechts, aber die anderen

Hunde ziehen einfach weiter geradeaus. Ich schleife meinen Schneeanker durch den Schnee, und als ich bei nächster Gelegenheit »cha« rufe, sind wir so langsam, dass diesmal auch Acimosis nach rechts springt. Cheerio und Happy folgen den beiden.

»Cha! Cha! Cha!«, rufe ich, bis Lightning begreift, dass ich zu unserer alten Spur zurückwill. Sobald die Hunde verstehen, dass wir auf dem Nachhauseweg sind, wechseln sie wieder in ihren schnelleren Gang. Vielleicht waren sie doch nicht müde, sondern haben nur Energie gespart.

»Du bist wieder da«, sagt der Alte, als ich in die Hütte komme, nachdem ich die Hunde ausgespannt und wieder an ihren Häusern angebunden habe. Er gießt eine Tasse Tee ein und reicht sie mir.

Ich mag, wie der Alte einfach sagt, was offensichtlich ist. Wie »Du bist wieder da«. Es ist einfach eine Tatsache, aber zugleich eine Einladung, falls ich reden will.

Mom würde sagen: *Wie, du bist schon wieder da?*. Bei ihr ist immer gleich ein Fragezeichen angehängt, das eine Antwort erwartet. Ich weiß nicht, wie ich das besser erklären kann – es ist einfach so, dass ich bei meiner Mutter immer das Gefühl habe, mich rechtfertigen zu müssen, aber bei dem Alten habe ich dieses Gefühl nicht.

»Ich war mir nicht sicher, ob die Hunde nicht zu erschöpft waren.«

»Waren ihre Zugleinen gespannt?«

»Ich glaube schon.«

»Dann waren sie nicht müde. Sie können lange laufen. Und wenn sie müde sind, machst du eine Pause, und dann können sie wieder laufen. Jedes Mal, wenn du sie zum Rennen hinausnimmst, können sie ein bisschen weiter laufen, ohne müde zu werden.«

Das ergibt Sinn. Es muss für sie genauso sein wie mein erstes Eishockeyspiel der Saison. Da bin ich immer gleich außer Atem, und meine Beine und Knöchel tun vom Schlittschuhlaufen weh. Am Ende des Winters könnte ich problemlos den ganzen Tag Hockey spielen.

»Also, wenn die Hunde den ganzen Sommer nicht laufen, weil ja kein Schnee liegt, dann muss man jeden Winter mit dem Training wieder von vorne anfangen?«

»Jeden Winter. Deshalb sind die meisten Hunderennen im Frühling. Dann sind die Hunde am schnellsten und können am weitesten laufen. Aber auch, weil damals im Frühling die Trapper nach Poplar Point gekommen sind, um ihre Felle zu verkaufen. Die Saison ist dann zu Ende, aber das Eis ist noch gut genug, um mit den Hunden unterwegs zu sein.«

»Hast du auch an Rennen teilgenommen?«

Der Alte schenkt sich Tee nach, und dann fährt er fort: »Mein Vater hat immer bis zum letzten Moment gewartet, dann waren die Rennen schon vorbei. Manchmal sind wir erst spät im April wiedergekommen. Wir haben Schlittenkufen unter unser Kanu gebunden, und meine Mutter und meine Schwestern saßen im Kanu mit all den Fellen und unseren Sachen. Wenn den Hunden das Ziehen leichtfiel, weil der Trail gut war, dann sind auch mein Vater und ich mitgefahren. Dort, wo sich der See verengt, ist oft eine leichte Strömung und das Eis dünn. An diesen Stellen sind wir an Land gegangen und haben Schlitten und Kanu über die Portagen durch den Busch gezogen, bis das Eis wieder dick genug war, um uns zu tragen. Oft ist die Portage nah am offenen Wasser, wenn man spät in der Saison reist.

Einmal sind die Hunde über eine Portage gerannt und dann auf den See hinaus, wo sie durchs Eis gebrochen sind. Wir konnten nicht schnell genug anhalten, also sind auch wir ins Wasser gezogen worden. Weil wir ja das Kanu auf den Schlitten gebunden hatten, war das nicht weiter schlimm, und wir sind einfach mit dem Kanu getrieben. Die Hunde haben umgedreht, um zurück zum Ufer zu schwimmen – zumindest dachte ich, dass sie das tun würden. Aber stattdessen versuchten sie, in unser Kanu zu klettern. Das Kanu begann zu schwanken, meine Schwestern fingen an zu schreien und sprangen auf, und das Kanu kippte um. Das Wasser war kalt, und meine Schwestern schrien jetzt noch mehr, vielleicht habe sogar ich ein bisschen geschrien. Mein Vater hat die Hunde und das Kanu aus dem Wasser gezogen und ein Feuer gemacht, an dem wir uns aufgewärmt und unsere Sachen getrocknet haben.

Zum Glück war es ein warmer und sonniger Tag. Aber bis wir alle trocken waren, war es dunkel. Also haben mein Vater und ich eine Plane aufgespannt, und dann haben wir ein Bett aus Fichtenzweigen und den Fellen gebaut und alle gut geschlafen. Es blieb die ganze Nacht über warm, und vielleicht war der nächste Tag der letzte, an dem man noch übers Eis fahren konnte. Wer jetzt noch auf der Trapline war, musste warten, bis die Seen eisfrei waren und dann mit dem Kanu rauskommen.«

Ich erschaudere, weil ich mir nicht vorstellen kann, im Wasser zu sein, wenn der See noch mit Eis bedeckt ist. Aber dann kommt mir das Bild von einem warmen Feuer in den Sinn, Hosen, Pullover und Felle hängen überall an den Bäumen, und ich stelle mir vor, wie ich meinem Vater helfe, unser Lager für meine Mutter und Schwestern gemütlich zu machen, und dann kuscheln wir alle dicht beisammen. Wenn meine Schwestern so wären wie meine Cousinen Melanie und Jeanette, würde ich ihnen Gespenstergeschichten erzählen und sie in der Nacht erschrecken. Bei dem Gedanken daran muss ich kichern, aber dann fühle ich mich plötzlich ganz leer, weil ich keine Schwestern habe, die ich erschrecken kann, und weil ich niemals die Gelegenheit hatte, mit meinem Vater ein Zeltlager zu machen.

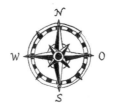

KAPITEL 21

Ich schrecke nach Luft schnappend aus dem Schlaf hoch. Meine Hände klammern sich an meiner Matratze fest, als ob mein Leben davon abhinge. Meine Decken sind zur Seite gestrampelt. Ich hatte wieder diesen Traum. Den mit dem Toboggan. Aber der Traum ergibt keinen Sinn. Ich bin noch ganz klein. Jünger noch als Justins Bruder. Vielleicht zwei oder drei Jahre alt. Ich habe das Gefühl, ich sollte die Stimme kennen, die mir befiehlt, aus dem Toboggan zu springen, aber ich weiß nicht, woher.

Ich habe einen unangenehmen Geschmack im Mund und gehe in die Küche, um mir eine Schüssel Cornflakes zu machen. Die Uhr an der Mikrowelle zeigt 10:25 an. Echt? So spät schon?

Mom hat mir eine Nachricht auf dem Küchentisch hinterlegt.

Wollte dich nicht wecken. Werde nach der Kirche noch zum Weihnachtsbasar gehen. Lasagne von gestern ist im Kühlschrank. Hab einen schönen Tag!

Normalerweise bin ich immer heilfroh, wenn sie mich am Wochenende nicht weckt und ich machen kann, was ich will. Aber heute irgendwie nicht. Aus irgendeinem Grund vermisse ich sie – oder vielleicht nicht unbedingt sie, sondern einfach, dass jemand im Haus ist. Die Stille ist zu laut. Das Summen des Kühlschranks macht mich ganz verrückt. Ich muss raus.

Vielleicht sollte ich auch zum Weihnachtsbasar gehen. Ist

175

schon ganz interessant, zu sehen, was die Leute so für Sachen herstellen.

Letztes Jahr hat jemand Mokassins genäht und sie mit dem Eiswolf-Logo vom Poplar-Point-Hockeyteam bestickt. Die waren super. Eine andere Frau hat Kreditkartenhalter aus Elchleder gemacht, die sie mit traditionellen Cree-Blumenmustern bestickt hat. Ich konnte mich nicht entscheiden, ob ich Mom den Kreditkartenhalter schenken sollte oder einen Korb aus Birkenrinde zum Blaubeersammeln. Mom mag es immer am liebsten, wenn ich ihr was selber mache. Also habe ich mich nach Anregungen umgesehen. Selbst gemachte Marmelade kam nicht infrage. Alles, was mit Nähen oder Stricken zu tun hat, auch nicht. Letztendlich habe ich mich für ein Kunstwerk aus Birkenrinde entschieden, weil man dafür einfach nur Birkenrinde und seine Zähne braucht. Also habe ich mir Mrs Merastys Blumen- und Libellenmuster, die sie in die Birkenrinde gebissen hat, ganz genau angesehen. Kann doch auch nicht so viel schwerer sein als die Papierschneeflocken, die wir in der Grundschule gemacht haben. Statt Papier zu falten und dann Muster mit der Schere zu schneiden, musste ich einfach Birkenrinde falten und dann Muster mit den Zähnen hineinbeißen.

Aber egal, wie viel Mühe ich mir auch gegeben habe, meine Zähne sind einfach nicht dazu gemacht, kunstvolle Muster zu beißen – oder überhaupt irgendwelche Muster. Ich kann mich noch gut an den bitteren Geschmack erinnern und an die Birkenrinde, die so aussah, als ob jemand sie auf die Schotterstraße geschmissen hatte und dann mit seinem Wagen ein paarmal drübergefahren war.

Letztendlich blieb mir keine Wahl, als Mrs Merasty am Abend

vor Weihnachten aufzusuchen und sie zu fragen, ob ich einen Birkenrindenbiss von ihr kaufen könnte. Aber sie hatte sie alle verkauft. Als ich ihr erzählt habe, wie ich versucht hatte, selbst einen zu machen, hat sie mich mit zahnlosem Lächeln angelacht. Wie kann jemand ohne Schneidezähne solch feine Birkenrindenbisse anfertigen? Sie zeigte mir es. Man benutzt nämlich gar nicht seine Schneidezähne, sondern die dahinter. Sie hat mich ein paar Bisse machen lassen, aber bevor ich ihre Birkenrinde zu sehr verunstalten konnte, hat sie sie mir aus der Hand genommen und den Biss innerhalb weniger Minuten fertig gemacht. Es sah genauso gut aus wie die, die sie auf dem Weihnachtsbasar verkauft hat.

Er steht immer noch auf unserer Fensterbank. Mom hat einen dieser billigen Plastikrahmen im Ramschladen gekauft und die Rinde dazwischengeschoben, sodass das Licht durch die Zahnabdrücke fällt und sie zum Leuchten bringt.

Wenn ich ihn mir jetzt angucke, sieht er doch nicht so gut aus wie in meiner Erinnerung, aber Mom hat sich riesig gefreut.

Ich sollte wirklich zum Basar gehen und gucken, ob ich etwas Schönes für sie finden kann, aber ich habe nicht so richtig Lust auf die überfüllte Turnhalle, in der der Basar ist, und auf all die Leute, die sich um die Tische drängeln, und auf den rauchigen Geruch von gegerbten Elchleder, der sich mit dem Geruch von zu vielen Leuten in einem Raum vermischt. Also beschließe ich, meine Hunde besuchen zu gehen.

Ich werde jetzt immer ganz unruhig, wenn ich mich den Hundehütten nähere. Sind alle Hunde noch da? Erst als ich sehe, wie Acimosis gemächlich um Happys Haus herumschnüffelt, während Happy um ihn herumtanzt und Cheerio auf dem Dach seines Hauses in der Sonne liegt, entspanne ich mich wieder.

Aber dann gehe ich um die Ecke, und Lightnings Haus kommt ins Blickfeld. Er ist nicht da! Ich stürme in die Hütte des Alten.

»Wo ist Lightning? Er ist nicht da!« Ich bin so voller Panik, dass ich fast über etwas auf dem Boden stolpere.

»Lightning! Wieso ist er hier? Was ist passiert?«, frage ich den Alten, der neben meinem Hund kniet.

»Die Wunde hat angefangen zu eitern. Dein Freund hat es bemerkt.«

»Mein Freund?« Ich sehe mich um, und da erst bemerke ich Justin, der beim Ofen steht und die alte Emaille-Waschschüssel umklammert. Gleichzeitig bemerke ich den Geruch. Zuerst ist da der üble Geruch, der von Lightnings Schwanz kommt, aber dann ist da auch noch ein anderer Geruch. Ein Duft, der mich an den Spätsommer erinnert. So wie der Geruch, der manchmal von der Lichtung, auf der die alte Schule stand, zu uns in den Hof hinüberweht.

Mein Magen zieht sich zusammen, als ich Justin sehe. Ich verstehe nicht, warum er hier ist oder was passiert ist. Aber eines weiß ich: Ich will nicht, dass er hier ist. Und er weiß es auch. Er steht wie angefroren da, die dampfende Waschschüssel in der Hand.

»Besser ist's, wir säubern die Wunde, während das Wasser noch heiß ist«, sagt der Alte und nickt erst in Richtung Justin und dann in Richtung Lightning. Lightning sieht mich durchdringend an. So als ob er sich beschweren wollte, dass ich noch nicht mal Hallo zu ihm gesagt habe.

»Hey, Lightning!«, sage ich ruhig und setze mich neben ihn. »Was machst du denn nur für Sachen?«, frage ich, während ich meine Finger durch sein langes, feines Fell streiche.

Justin stellt die Schüssel auf den Boden und angelt einen Lappen aus dem Wasser, in dem getrocknete Pflanzen schwimmen.

»Was ist das?«, frage ich.

»Medizin. Um die Infektion aufzuhalten«, sagt der Alte und säubert Lightnings Wunde vorsichtig mit dem Lappen, den Justin für ihn nässt. Lightning versucht, seinen Schwanz zu lecken, erwischt aber nur den Lappen und die Hand des Alten.

»Lass mich das machen«, sage ich. Lightning ist mein Hund, und ich will nicht, dass Justin ihm hilft, während ich einfach nur untätig dabeistehe. Ich dränge Justin zur Seite und nehme dem Alten den Lappen aus der Hand. Mit der einen Hand versuche ich, Lightnings Schwanz zu säubern, während ich mit der anderen versuche, ihn vom Lecken abzuhalten.

»Ich … ich bin nur vorbeigekommen, um zu sehen, wie es Lightning geht«, erklärt Justin. »Ich dachte, du wärst hier. Hab dich sogar gerufen, unter deinem Fenster, und als du nicht geantwortet hast, dachte ich halt, du wärst hier. Ich … ähm … ich wollte schon gehen, aber Lightning … er … er … ich weiß auch nicht … er hat sich gefreut, mich zu sehen?«

Es hört sich an wie eine Frage, als ob er nicht sicher wäre, dass Lightning ihn sehen wollte, aber auch irgendwie hoffnungsvoll, so als ob er wirklich möchte, dass Lightning ihn mag. Mir wäre es immer noch am liebsten, Justin wäre nicht hier, aber jetzt, wo er nun mal da ist, kann ich ihn nicht einfach wegschicken. Und Lightning mag Justin, ob mir das gefällt oder nicht.

»Kannst du seinen Kopf ruhig halten, damit er mich nicht anleckt, während ich mich um ihn kümmere?«, frage ich und bemühe mich, nicht unfreundlich zu klingen.

Justin kniet sich neben Lightning und streichelt ihm ganz vorsichtig und sanft über den Kopf. Mir ist ein bisschen schlecht, wegen des Geruchs und dem gelben Eiter, aber als die Wunde dann sauber ist, sieht es gar nicht mehr so schlimm aus.

Lightning ist froh, als ich ihn zurück in den Hundeyard lasse. Ich streichele Happy und Cheerio, und dann weiß ich nicht, was ich machen soll. Am liebsten würde ich mit den Hunden für eine Fahrt rausgehen, aber ich will auch nicht einfach abhauen, wenn Justin noch da ist, und dass er mitkommt, will ich auf keinen Fall. Außerdem kann Lightning bestimmt nicht mit, jetzt, wo seine Wunde sich entzündet hat.

»Ich muss los«, sage ich. »Ich muss noch ein Weihnachtsgeschenk für meine Mutter kaufen.«

»Was schenkst du ihr?«, fragt Justin.

Ich zucke mit den Schultern. »Weiß ich noch nicht.«

»Ich komm mit«, sagt Justin. »Habe eh nichts anderes zu tun, und vielleicht sind da ja ein paar spitze Mädels«, fügt er dann noch hinzu, als ob er eine Entschuldigung bräuchte, um mitzukommen.

»Na gut«, sage ich, und irgendwie fühlt es sich tatsächlich gut an. Ich gucke Justin verlegen an, und er boxt mich auf den Arm, aber so vorsichtig, dass ich es durch meine Jacke kaum spüre.

»Vielleicht können wir ja mal mit deinem Schlitten auf Spritztour gehen«, sagt Justin.

»Vielleicht wann anders. Nächstes Wochenende oder so.« Ich weiß, dass ich es nur hinauszögere. Ich bin mir einfach nicht sicher, ob ich Justin wirklich mit den Hunden mitnehmen will. Aber als wir dann zusammen die Straße hinunterlaufen, erzähle ich ihm alles, was ich über die Hunde gelernt habe, und Justin macht sich nicht über mich lustig. Auf einmal bin ich sehr aufgeregt. Es fühlt sich gut an, meine Hundegeschichten mit jemandem zu teilen. Vielleicht wird ja doch alles gut.

180

KAPITEL 22

Justin und ich hängen jetzt wieder zusammen in der Schule rum. Manchmal ist es noch ein bisschen komisch, weil wir oft nicht wissen, was wir zueinander sagen sollen, und dann lange Pausen entstehen, aber es ist trotzdem okay. Besser auf jeden Fall, als uns gegenseitig zu ignorieren. Ich habe ihn bis jetzt noch nicht wieder mit zu den Hunden genommen, doch es ist erst Mittwoch. Vielleicht mache ich es am Wochenende.

Als wir in unser Klassenzimmer kommen, teilt uns der Lehrer mit, dass es mal wieder Probleme mit der Wasserversorgungsanlage gibt. Die schlechte Nachricht ist, dass wir kein fließendes Wasser haben. Die gute ist, dass wir für den Rest des Tages schulfrei haben. Aus Hygienegründen müssen sie die Schule schließen. Warum, verstehe ich ehrlich gesagt nicht. Was ist denn der Unterschied, ob wir ohne Wasser zu Hause oder in der Schule sitzen? Ich schätze mal, die Toiletten sind das Problem. Wenn zweihundert Schüler nicht spülen können, kann es schon übel werden. Aber ist ja auch egal – ich kann den ganzen Tag mit den Hunden verbringen, und es ist noch nicht mal zehn Uhr.

»Ich gehe mit den Hunden raus«, sage ich zu Justin.

»Cool«, sagt er. Und dann schweigen wir beide.

»Willst du mit?«, frage ich endlich.

»Könnte mir nichts Besseres vorstellen«, grinst Justin.

Ich habe immer noch Angst, dass Justin was Gemeines

oder Verletzendes zur mir sagt oder dass er mich ganz einfach auslacht. Wir schleichen wie auf Eierschalen umeinander herum, so wie Lightning und Acimosis. Ich weiß nie, ob sie sich schwanzwedelnd begrüßen oder sich gegenseitig anknurren werden.

Als wir zu der Hütte des Alten kommen, sehe ich keinen Rauch aus dem Ofenrohr steigen, aber im Ofen selbst sind noch glühend rote Kohlen. Ich lege Holz nach, damit es warm im Haus ist, wenn der Alte wiederkommt, und das Wasser in seinen Eimern nicht gefriert. Ich kann mich noch gut daran erinnern, wie mir zum ersten Mal klar wurde, dass der Alte kein fließendes Wasser hat, und ich dachte, das ist doch echt hinterwäldlerisch. Aber jetzt denke ich anders. Er braucht sich keine Sorgen um verstopfte Toiletten zu machen, und ich stelle mir vor, dass es irgendwie befriedigend sein muss, auf niemanden angewiesen zu sein. Er hat sein Plumpsklo und Trinkwasser vom See. Wenn der Strom ausfällt, würde er es noch nicht mal bemerken, er hat ja nur Kerzen und Öllampen. Und er kann sich auch nicht darüber beschweren, dass nichts Gutes im Fernsehen läuft, weil er keinen Fernseher hat.

Während ich zum Schuppen gehe, denke ich darüber nach, wie es sein würde, wie der Alte zu leben. Hat er weniger Sorgen, weil er ganz unabhängig ist, oder mehr wegen all der extra Arbeit wie Feuerholzsägen, Wasserholen, Ofenrohrsäubern?

Justin hilft mir dabei, den Hunden das Geschirr anzulegen. Ich lache, als Acimosis ihn umreißt und dann durch den Schnee schleift.

»Halt ihn am Halsband hoch, guck, hier.« Ich zeige es ihm.

»Wenn er nur zwei Beine auf dem Boden hat, ist er nicht so stark.«

Wir entschließen uns, Lightning zu Hause zu lassen, weil ich Sorge habe, dass es seine Wunde wieder schlimmer machen könnte, und der Alte nicht hier ist, um ihn zu fragen. Lightning ist alles andere als glücklich über unsere Entscheidung. Er rennt am Ende seiner Kette wie verrückt im Kreis, winselt, jault, heult, bellt und springt hoch in die Luft, als ob die Kette am Schlitten angespannt wäre und er versuchte, den Schneeanker loszukriegen. Er will unbedingt mit, und es fällt mir schwer, ihn zurückzulassen, aber ich würde mich noch schlechter fühlen, wenn ich ihn beim Rennen verletzen würde.

»Bist du sicher, dass drei Hunde uns beide ziehen können?«, fragt Justin.

Ich lächele. »Wirst schon sehen.«

Justin klettert in den Toboggan, und ich will schon den Anker ziehen, als mir auffällt, dass Justin nur Jeans und normale Winterstiefel trägt und dass seine Jacke keine Kapuze hat. Ich renne zurück ins Haus und schnappe mir die Decke vom Bett des Alten. Ich glaube, er hätte nichts dagegen, außerdem sind wir wahrscheinlich längst wieder zurück, bevor er wiederkommt.

»Juhu!«, ruft Justin, als wir über die Schneebank zum See fliegen. »Hätte ich nicht gedacht, dass sie so schnell sind! Sieh dir den großen an! Wie der zieht! Wie heißt er noch mal? Der ganz vorne?«

»Acimosis. Dann Cheerio, und Happy ist die Letzte. Sie ist der Wheeler, weil sie sonst von den Hunden hinter ihr abgelenkt wird.«

»Der Wheeler?«

»So nennen Musher die Hunde, die direkt vor dem Schlitten sind. Sie helfen beim Steuern.«

»Also du musst gar nichts machen? Die Hunde machen alles alleine?«, fragt Justin.

»Du musst dich nur festhalten. Und dich ein bisschen in die Kurven lehnen. Willst du es mal versuchen?«

»Äh … vielleicht später. Ich will nichts mit deinen Hunden falsch machen.«

»Du kannst es ja auf dem Rückweg ausprobieren.«

Dann schweigen wir, aber es ist eine gute Art von Schweigen. Die Art, bei der du einfach glücklich bist. Wenn du niemandem etwas beweisen oder cool sein oder dir irgendeinen Witz einfallen lassen musst. Die Hunde schaffen es irgendwie, dass man sich so fühlt. Als ob man mehr zum Team dazugehört, wenn man nur die Sachen sagt, die auch die Hunde verstehen. Wie »Gute Hunde!«

»Whoa! Sachte, sachte!« Ich schleife meinen Fuß durch den Schnee, um die Fahrt zu verlangsamen. Cheerio muss mal, und er versucht hoppelnd, Schritt zu halten. Happy überholt ihn schon fast. Je mehr ich versuche, das Team zu verlangsamen, desto mehr zieht Acimosis.

»Hey! Stopp!« Ich werfe meinen Anker in den Schnee, und die Hunde halten ruckartig an. »Du kannst sie nicht machen lassen, was sie wollen, dann schnappen sie total über«, erkläre ich Justin und erzähle ihm von meinen ersten Versuchen und Missgeschicken. Justin stellt so viele Fragen, dass ich vergesse, mich umzudrehen, um zu sehen, wie weit wir uns von Poplar Point entfernen. Als ich mich daran erinnere, kann ich noch nicht mal mehr den Kirchturm sehen. Nur der weiße Rauch der Häuser ist noch sichtbar gegen den dunklen, grau-blauen Himmel. Der dunkle Himmel sieht ziemlich dramatisch aus, besonders im Kontrast zum Schnee, der da, wo wir sind, noch von der Sonne angeleuchtet wird.

»Cha!«, rufe ich. Acimosis springt nach links. »Nein! Cha!«, rufe ich, und Acimosis zögert keine Sekunde und läuft nach rechts.

»Guter Hund!«, rufe ich, und Acimosis zieht noch stärker.

»Wohin fährst du?«, fragt Justin.

»Zurück. Willst du jetzt fahren?«

»Zurück? Wir sind doch gerade erst los. Sind die Hunde schon müde?«

»Nein, das nicht …«, ich zögere. »Es ist nur, dass ich meiner Mutter versprochen habe, in Sichtweite von Poplar Point zu bleiben.«

»Ach so, wenn das das Problem ist, dann mach dir keine Sorgen. Ich kenne mich hier aus. Wir können zu Jackfish Narrows oder Long Island, wenn du willst.«

»Ich weiß nicht.« Ich will mein Versprechen nicht brechen, aber Justin hat recht: wahrscheinlich wollte sie nur, dass ich es ihr verspreche, weil sie Sorge hat, ich könnte mich verirren. Trotzdem behagt es mir nicht, bis nach Jackfish Narrows zu fahren, wegen der Geschichte, die der Alte mir erzählt hat, dass sie einmal in einer Seeenge durchs Eis gebrochen sind. Und Long Island ist am anderen Ende des Sees; das ist zu weit.

»Lass uns doch einfach geradeaus zu den Inseln da drüben fahren, und dann ist es auch einfach, den Weg zurück zu finden«, schlage ich vor.

»Auch gut. Ist einfach cool, mit den Hunden unterwegs zu sein.«

»U!«, rufe ich bei der nächsten Schneemobilspur, die uns wieder Richtung Norden führt. Acimosis läuft sofort links, als ob auch er noch keine Lust hat, wieder zurückzufahren. Ich drehe mich immer wieder um, um mir den Weg zurück einzuprägen, aber das Ufer ist jetzt einfach eine gerade Linie am Horizont, und ich habe nur noch eine grobe Ahnung, wo Poplar Point ist. Macht aber nichts; wir können ja einfach unsere Spuren zurückverfolgen.

Ich konzentriere mich auf das, was vor uns liegt. Komisch, dass wir immer noch nicht näher an den Inseln sind. Sie müssen größer und weiter weg sein, als ich dachte. Die Hunde ziehen mit gerundeten Rücken. Sie arbeiten hart, aber sie haben jetzt ihren gemächlicheren Gang eingelegt.

Als Cheerio versucht, Schnee zu beißen, während er rennt, halte ich das Team an. Cheerio lässt sich fallen und frisst Schnee, als wäre es Vanilleeis. Happy rollt sich im Schnee, bis sie so verheddert ist, dass Justin sie entwirren muss. Acimosis steckt seinen ganzen Kopf in den Schnee, und als er ihn wieder herauszieht, sieht er aus wie ein weißes Gespenst. Justin und ich lachen.

Als die Hunde fertig sind mit Schneebaden und -fressen, ziehen sie unruhig an den Leinen. Acimosis ist am ungeduldigsten.

»Platz!«, befehle ich, und er tut so, als ob er mir gehorchen würde, aber sein Hinterteil berührt kaum den Boden. »Willst du jetzt mal?«, frage ich Justin und erkläre ihm die Kommandos für rechts und links, wie man die Hunde zum Anhalten bringt und wie er seinen Fuß durch den Schnee schleifen muss, wenn sie anhalten, damit der Schlitten sie nicht überfährt. Wie der

Schneeanker funktioniert und dass er aufpassen muss, wenn er ihn setzt und die Hunde noch laufen, damit er nicht unter den Toboggan gezogen wird und sich seine Hand bricht. Erst als ich fertig bin, ihm alles zu erklären, was ich weiß, fällt mir auf, dass ich ganz schön lange geredet habe. In meiner Aufregung habe ich gar nicht bemerkt, dass Justin richtig nervös aussieht.

»Vielleicht sitze ich heute lieber im Schlitten«, sagt er.

Ich wollte ihn wirklich nicht beunruhigen, aber plötzlich erkenne ich, wie viel ich in den vergangenen Wochen gelernt habe. Es ist nicht so schwer, wie es sich anhört, aber trotzdem bin ich stolz auf das, was ich erreicht habe. Und dann bin ich plötzlich traurig, weil sonst immer Justin derjenige war, der mutiger war und wusste, was zu tun war.

Wenn er es jetzt nicht versucht, dann wird er es beim nächsten Mal auch nicht probieren, und dann wird er sagen, dass Schlittenfahren blöd ist. Und das will ich nicht.

»Wenn du erst mal auf dem Schlitten stehst, ist es gar nicht so schwierig. Ungefähr so, wie wenn man als Kind Fahrrad fahren lernt. Erst hat man Angst, weil man denkt, man hat keine Kontrolle, aber sobald man weiß, wie es geht, kann man mit geschlossenen Augen fahren. Außerdem will ich wissen, wie es ist, im Schlitten zu sitzen«, sage ich und klettere in den Toboggan. Justin bleibt keine Wahl. Er lichtet den Schneeanker, und die Hunde rennen los. Hier unten bin ich auf gleicher Höhe mit den Hunden, so als ob ich jetzt der Wheeler wäre. Die Hunde bewegen sich synchron, als ob sie einem unhörbaren Trommelschlag folgen würden. Zum ersten Mal fällt mir auf, dass sie mit ihren Pfoten kleine Schneebälle in die Luft schleudern, und ich sehe zu, wie sie vom Wind über den See getrieben werden.

»Das ist das Coolste überhaupt!«, ruft Justin. »Guck sie dir an, Jeremy! Die ziehen alle, und sie tun es für mich!«

Ich grinse. Ich wette, Justin grinst auch. Wir fahren schweigend weiter, beide in unseren eigenen Gedanken.

Es ist kälter hier unten und windiger. Ich wickele die Decke um mich herum und wackele mit meinen Zehen. Wir sind jetzt zwischen den Inseln, und überall sind Schneemobilspuren, die zu den Lieblingsangelstellen der Schneemobilfahrer führen. Acimosis hört nicht auf Justins Kommandos, und so wählen sie einfach ihre eigene Richtung. Wir kommen in einer Bucht bei einer der größeren Inseln, wo ein Schneemobil gewendet hat, zum Stehen.

Es ist wärmer, jetzt, wo wir aus dem Wind raus sind. Die Hunde sehen müde aus, also beschließen wir, eine Pause einzulegen. Cheerio rollt sich zusammen und steckt seine Nase unter seinen Schwanz. Acimosis macht ein Nickerchen im Sitzen, und Happy ist damit beschäftigt, ein Loch in den Schnee zu graben. Als sie mit ihren Bemühungen zufrieden ist, macht sie es sich in dem Loch gemütlich, und dann sind alle Hunde mucksmäuschenstill. Große, weiche Schneeflocken fallen langsam und lassen sich auf dem Fell der Hunde nieder. Ich strecke meine Zunge heraus und versuche, die kühlen, nassen Flocken aufzufangen. Das habe ich schon seit Ewigkeiten nicht mehr gemacht, und ich grinse Justin verlegen an, als ich daran denke, wie kindisch es aussehen muss, aber er grinst einfach zurück.

»Hast du eigentlich noch dein Pausenbrot von heute Morgen?«, fragt er.

Ich hole meinen Rucksack aus dem Toboggan und reiche ihm die Hälfte meines gefrorenen Erdnussbutter-Marmeladen-

Brotes. Ich bin so hungrig, dass ich es gut allein verschlingen könnte, aber es fühlt sich gut an, mit Justin zu teilen, wie wir es schon immer gemacht haben. Ich knabbere an dem gefrorenen Brot, bis sich ein Stückchen löst, aber dann bleibt mir die Erdnussbutter im trockenen Mund kleben. Ich zieh meine Wasserflasche aus dem Rucksack. Mist. Was mal Wasser war, ist jetzt ein solider Eisklumpen.

Ich schmeiße die Flasche zurück in den Schlitten und esse stattdessen eine Handvoll Schnee, aber der Schnee löscht meinen Durst nicht wirklich. Der Alte hat mir vor Kurzem erzählt, wie er früher mit der Axt Eis aus dem See herausgeschlagen hat und es langsam im Mund schmelzen ließ, wenn er zu durstig war, um zu warten, bis er ein Feuer gemacht hatte, um Tee zu kochen.

Die Axt des Alten steckt zwischen den zwei Sperrholzplatten, die den Handgriff des Schlittens zusammenhalten. Ohne Axt lässt er mich nirgendwo hingehen. Ich habe es einfach schweigend hingenommen, aber heimlich habe ich gedacht, so ein Unsinn, ich fahr doch nirgends hin, nur im Zickzack um die Hütte herum. Jetzt denke ich kurz daran, Eis zu hacken, aber dann denke ich mir, wir sind höchstens zwei Stunden von zu Hause entfernt, so lang kann ich auch noch warten.

»Lass uns zurückfahren«, sage ich zu Justin. Er sitzt bei den Hunden und sieht ihnen beim Schlafen zu.

»Ich wollte selbst gerade ein Nickerchen machen«, grinst er und streckt sich im Schnee aus. »Du hast ja keine Ahnung, wie früh ich heute Morgen aufgestanden bin«, er gähnt und schließt die Augen.

»Halb acht, wie alle anderen auch?«, rate ich. »Nee, warte

mal, eher halb neun – du hast uns noch nicht mit deiner Anwesenheit beehrt, als die Schulglocke geklingelt hat.«

»Ich habe *dich* nicht mit meiner Anwesenheit beehrt. In deinen wildesten Träumen könntest du dir nicht vorstellen, wen ich heute Morgen schon … hey!«

Ich bewerfe ihn mit Schneebällen, bevor er mir von all den Mädels erzählen kann, die er beehrt hat. Träge wirft er einen Schneeball zurück und grinst.

»Im Ernst«, sagt er, aber wir wissen beide, dass es eine Lüge ist. Macht aber nichts. Es fühlt sich nämlich gut an, mit Justin herumzualbern, als ob sich nichts zwischen uns verändert hätte. Vielleicht ist es sogar besser als zuvor. Ehrlicher irgendwie. Außerdem weiß ich jetzt, dass er meinen Hunden nichts antun würde, und er mag Lightning wirklich gern, glaube ich.

»Lass uns zurückfahren«, sage ich noch mal. Nicht nur, weil ich durstig bin, sondern auch, weil ich nicht will, dass der Alte sich Sorgen macht, und weil Lightning sich bestimmt wundert, wo wir bleiben. Er konnte einfach nicht verstehen, warum er nicht mitkommen durfte, und sein Heulen hat noch lange über den See geschallt.

Als wir den Windschutz der Insel verlassen, fühlt es sich an, als wären wir plötzlich in einer anderen Welt. Ein wütender Wind zerrt an meiner Kleidung und weht mir Schnee ins Gesicht. Ich nehme die Mütze vom Kopf, bevor der Wind sie mir davonreißt, bereue es aber sofort. Es fühlt sich an, als ob jemand mein Gehirn in eine Gefriertruhe gesteckt hätte; oder so, als ob man zu viel Eis zu schnell gegessen hat.

Acimosis bleibt stehen, die Hunde drehen sich vom Wind

190

weg. Ihre Schwänze wehen wie Fahnen im Sturm. Schneeteufel wirbeln über den See und verschleiern die Inseln um uns herum. Ich starre auf den See hinaus, nicht sicher, ob ich von der sonderlich wunderbaren Welt, die uns umgibt, fasziniert oder schlichtweg entsetzt sein sollte. Als mir klar wird, dass wir das Ufer nicht mehr sehen können, kriecht die Angst in meine Knochen. Ich fang an zu zittern, und nicht nur wegen der Kälte.

»Ach du Scheiße«, sagt Justin. Ich bin also nicht der Einzige, der vom Wetterumschwung nicht gerade begeistert ist.

»Lass uns schnell nach Hause fahren, bevor es noch schlimmer wird«, schlage ich vor.

»Na los, worauf warten wir noch. Lass uns hier weg.«

»In welche Richtung?«

»Na dahin, wo wir hergekommen sind, du Armleuchter.«

»Ich … ähm … ich bin mir nicht sicher. Es sieht ganz anders aus, jetzt, wo wir die Inseln da drüben nicht mehr sehen können.«

»Na dann folge doch unseren Spuren«, sagt Justin ungeduldig, als ob ich begriffsstutzig wäre oder so. Ich brauche ihm nicht zu antworten, weil ich nämlich an Justins Schwall von Schimpfwörtern, die ich lieber nicht wiederhole, erkenne, dass auch er jetzt bemerkt hat, dass unsere Spuren nicht mehr da sind. Davongeweht, genau wie die Schneemobilspuren.

»Was jetzt?«, fragt Justin.

»Weiß auch nicht.« Ich zucke mit den Schultern.

»Ich bin mir sicher, dass wir von da gekommen sind.«

»Wie sicher?«, will ich wissen.

»Mann, weiß ich auch nicht. Wenn wir von Long Island zurückkommen, dann sehen wir die Inseln hier, glaube ich. Dann fahren wir einfach geradeaus, bis wir Poplar Point sehen. Aber du weißt ja, wie viele Inseln dieser verflixte See hat.«

»Elfhundertzwei.«

»Was?«

»Eintausendeinhundertundzwei. Ich habe sie auf der großen Landkarte, die im Trading Post hängt, gezählt. Weißt du, welche ich meine? Die, auf der alle Traplinehütten markiert sind.«

»Du hast sie gezählt? Du bist echt ein Nerd.« Es hört sich nicht gemein an, wie er das sagt. Als ob es einfach eine Tatsache wäre. Vielleicht bin ich auch ein Nerd, aber wen kümmert das. Ich glaube, selbst Justin macht es nichts aus.

»Ich habe auf meine Mutter gewartet. Sie hatten Sommerschlussverkauf, und meine Mutter hat alle möglichen Klamotten anprobiert, dann hat sie meine Tante getroffen, sie haben ewig gelabert, und mir war langweilig«, erkläre ich.

»Okay, okay. Wir wissen also, dass es hier eine Million Inseln gibt, aber das hilft uns nicht gerade weiter, oder?«

»Na ja, wir wissen zumindest ungefähr, wo wir sind. Die Inseln fangen erst nördlich von Poplar Point an. Wenn wir Richtung Westen fahren, müssen wir einfach nur links abbiegen, wenn wir das Ufer erreichen, und dann stoßen wir irgendwann auf Poplar Point.«

Ich sehe, wie Justin versucht, es sich im Kopf vorzustellen. »Okay«, sagt er dann. »So machen wir es. Wo ist Westen?«

Der Himmel ist eintönig grau, es ist unmöglich, die Sonne zu sehen. Doch selbst wenn … Ich weiß nur, dass die Sonne im Westen untergeht, aber habe keine Ahnung, ob uns das weiterhelfen würde.

»Die Hunde!«, rufe ich plötzlich laut aus. »Der Alte hat mir erzählt, dass sie immer ihren Weg nach Hause finden! Lass es uns versuchen.« Plötzlich fühle ich mich wieder hoffnungsvoll. »Mush, Acimosis! Los!«

Acimosis läuft mit dem Wind. Ich glaube nicht, dass wir aus dieser Richtung gekommen sind, aber der Alte hat gesagt, man soll seinen Hunden vertrauen. Wir kommen nicht weit, bevor Acimosis anhält. Ohne Trail müssen die Hunde viel härter arbeiten; besonders Acimosis, der für die anderen Hunde den Weg ebnen muss.

»Steig aus«, befehle ich Justin.

»Was? Spinnst du? Du lässt mich ja wohl nicht alleine hier!«

»Nein! Wir müssen neben dem Schlitten herlaufen, damit die Hunde einfacher ziehen können.«

»Was, wenn sie abhauen?«

Daran hatte ich noch gar nicht gedacht. Ich erinnere mich, im Schlitten ein Seil gesehen zu haben. Ich binde das eine Ende an den Handgriff und das andere um mein Handgelenk.

»Okay, Acimosis!«, rufe ich.

Die Hunde rennen los, und ohne unser Gewicht sinkt der Schlitten nicht ein, sondern gleitet über den Schnee. Sie laufen so schnell, dass ich nicht mithalten kann, und dann fühle ich plötzlich einen stechenden Schmerz im Handgelenk.

»Au! Stopp!« Zu spät. Ich falle mit dem Gesicht voran in den Schnee, und die Hunde halten an.

»Alles in Ordnung?« Justin kriegt kaum die Worte heraus, bevor er in Gelächter ausbricht.

Zuerst bin ich sauer, aber dann stelle ich mir die Szene vor und was ich wohl tun würde, wenn nicht ich derjenige wäre, der mit dem Gesicht im Schnee liegt, und muss auch lachen.

Es schneit und stürmt, und wir wissen nicht, ob wir den Weg nach Hause finden, aber wir liegen beide im Schnee und lachen und lachen. So, als ob wir all unsere Sorgen davonlachen müssten, und dann lachen wir unsere Prügeleien und all die blöden Situationen davon, die in den letzten Wochen – vielleicht auch Jahren – zwischen uns vorgekommen sind, und dann fühle ich, wie die Tränen in mir aufsteigen, aber Justin reicht mir seine Hand und zieht mich hoch.

»Wird schon alles wieder gut. Heute Abend sitzen wir zu Hause, und dann lachen wir noch mehr darüber, wie wir uns im Sturm verirrt haben. Jetzt sag deinen Hunden, sie sollen uns nach Hause bringen.«

Wir wechseln uns dabei ab, auf dem Schlitten zu stehen und hinterherzulaufen, und tauschen, bevor der Läufer zu verschwitzt wird. Die schemenhaften Inseln bleiben hinter uns, und plötzlich ist nur noch Weiß um uns herum. Weißes Nichts, das uns zu verschlingen droht. Ich kann nicht erkennen, wo der See aufhört und der Himmel anfängt. Acimosis erscheint und verblasst wie ein Gespenst, sein Fell mehr weiß als sandfarben. Die Hunde rennen, als hätten sie ein Ziel. Wenn wir Glück haben, sind wir viel schneller zu Hause, als ich dachte. Als ob sie meine Gedanken gelesen hätten, laufen die Hunde plötzlich noch schneller.

»Spring auf, Justin!« Aber die Hunde sind zu schnell. Ich halte an, und Justin lässt sich außer Atem in den Schlitten fallen, als ob es sein Sofa zu Hause wäre.

»Was ist denn los? Warum laufen die auf einmal so schnell?«, japst er.

»Ich glaube, wir sind wieder auf unserem alten Trail. Und da! Das Ufer! Ich kann Bäume sehen!«

Die Bäume nehmen langsam Kontur an, es fühlt sich an, als ob sie aus dem Schneesturm auf uns zukommen, und nicht umgekehrt. Natürlich ist das nur eine Illusion, aber es ist trotzdem cool.

»Das ist nicht das Ufer«, unterbricht Justin meine Gedanken.

»Was?«

»Das ist eine Insel.«

»Aber vor Poplar Point sind keine Inseln.«

»Das ändert nichts an der Tatsache, dass das hier …« Justin beendet den Satz nicht. Die Hunde bleiben stehen.

»Jetzt haben wir aber ein Problem«, sagt Justin, während Happy sich in dem Loch zusammenrollt, das sie vorhin gebuddelt hat.

Wir sind im Kreis gefahren.

KAPITEL 23

»Ich glaube, wir haben keine Wahl. Wir müssen hierbleiben, bis der Sturm nachlässt.« Selbst als ich meine schlimmste Befürchtung laut ausspreche, hört es sich immer noch unwirklich an. Ich kann mir einfach nicht vorstellen, die Nacht hier zu verbringen. Als der Alte mir seine Geschichten erzählt hat, hat es sich immer großartig angehört, und ich wollte nichts lieber, als selbst so ein Abenteuer zu erleben. Jetzt, wo ich mitten im Blizzard stehe, die Dunkelheit über uns hereinzubrechen droht, der Schnee mindestens einen halben Meter hoch gegen das Ufer gedriftet ist und ich keine Ahnung habe, was ich machen soll, sieht die ganze Sache doch anders aus. Auch Justin hat sich nicht vorgestellt, so seine Nacht zu verbringen: »Hierbleiben? Über Nacht? Spinnst du? Ich bin jetzt schon halb erfroren. Morgen früh bin ich so steif, da kannst du mich als Toboggan benutzen.« Justin umarmt sich selbst und springt hoch und runter, um warm zu werden.

»Wir machen ein Feuer«, sage ich.

»Super. Hast du Benzin und ein Feuerzeug?«

»Nee, aber ich habe einen Flint.«

»Jetzt sag mir bitte, das ist nicht dein Ernst. Ein Flint?«

»Ich könnte nicht ernster sein«, erwidere ich und stapfe eine Spur durch den tiefen Schnee zu einer kleinen Lichtung auf der Insel. Ich schiebe den Schnee mit meinen Füßen zur Seite, bis das Moos sichtbar wird, und mache mich auf die Suche nach toten Ästen. Justin steht immer noch beim Schlitten und sieht mir wortlos zu.

Der Schnee ist so tief, dass das Gehen ohne Schneeschuhe schwierig ist. Ich stolpere immer wieder über im Schnee verdeckte Baumstämme und finde keine trockenen Äste unter dem Schnee. Also bleibt mir nichts anderes übrig, als Holz von toten Bäumen zu sammeln, die noch stehen oder deren Sturz von anderen Bäumen aufgefangen wurde. Ich stopfe mir die Taschen mit Birkenrinde und Old Man's Beard voll und gehe zurück zu meiner Feuerstelle. Als ich alles perfekt arrangiert habe, setze ich mich mit meinem Flint in den Schnee und versuche, die Birkenrinde zum Brennen zu bekommen. Keine Chance. Selbst als ich einen Windschutz um die Birkenrinde baue, lassen sich immer noch Schneeflocken auf meiner Rinde nieder, und die Funken verglühen, ohne Feuer zu fangen.

»Versuche es damit«, Justin reicht mir ein Feuerzeug und sein Mathebuch. Mit dem Feuerzeug schaffe ich es, Birkenrinde und Flechten zum Brennen zu bekommen, ohne dass ich sein Mathebuch zerreißen muss.

»Schade«, sagt Justin.

»Was ist schade?«

»Na ja, ich war schon immer der Meinung, dass dieses Buch hier total nutzlos ist, und für einen kurzen Moment dachte ich, ich könnte es doch mal für was gebrauchen«, Justin wedelt mit seinem Mathebuch vor meiner Nase herum und grinst, aber dann wird er wieder ernst – so ernst, wie Justin eben sein kann: »Also machen wir jetzt einen auf Survival Man, oder was? Bauen uns eine Unterkunft, fangen ein paar Hasen und so?«

So weit hatte ich noch nicht gedacht. Feuer war das Einzige, was mir in den Sinn kam, aber Justin hat recht, ein Feuer allein reicht nicht. »Klar«, antworte ich und bin erleichtert, als Justin ganz begeistert von der Notunterkunftsidee ist. Trotzdem bin ich mir nicht sicher, ob wir es wirklich schaffen. Überleben, meine ich.

Die Flammen des Feuers leuchten so hell, dass alles um uns herum dunkler erscheint. Der Kontrast zwischen dem hellen Orange und dem dunklen Grau wird immer größer, und plötzlich fällt es mir wie Schuppen von den Augen.

»Es wird dunkel! Wir müssen uns beeilen.«

»Womit? Wie denn?«, fragt Justin, und mir wird klar, dass er besser mit Worten als mit Taten ist.

»Zieh den Hunden das Geschirr aus, und dann bring den Schlitten näher zum Feuer. Vielleicht können wir ja darin schlafen oder ihn irgendwie als Wind- und Schneeschutz verwenden.« Es fühlt sich gut an, derjenige zu sein, der bestimmt, was zu tun ist.

»Okay, ich fang mit dem Geschirr an.« Justin macht sich zu den Hunden auf, und Happy bellt ganz happy, als sie Justin sieht.

»Soll ich sie losmachen?«, fragt er.

»Ja. Dann können sie uns später warm halten, wenn wir schlafen.«

»Die rennen nicht einfach nach Hause?«

»Nicht, wenn wir so weit weg sind. Ich bin ein paarmal mit ihnen spazieren gegangen. Sie bleiben immer in der Nähe, bis wir nahe an der Hütte sind, erst dann sind sie nicht mehr aufzuhalten.« Ich habe noch nie weiter darüber nachgedacht, aber komisch ist es schon, weil sie nämlich im Team einfach davonrennen würden, egal, wie oft ich rufe. Aber wenn sie frei sind, dann stolpern sie praktisch übereinander, um so nah wie möglich bei mir zu sein – wie jetzt, wo sie sich um mich und das Feuer drängen.

»Hey! Passt doch auf! Ihr kickt Schnee ins Feuer!«, rufe ich. Happy wedelt mit dem Schwanz. Ich entferne mich vom Feuer, und die Hunde folgen mir. Sie trampeln mir auf die Füße und lehnen sich gegen meine Beine.

»Ja, ja, ihr seid alle gute Hunde«, sage ich und verteile hastige Streicheleinheiten. Normalerweise mag ich es, wenn sie sich an mich drücken, aber jetzt habe ich wenig Geduld für sie. Ich bin froh, als sie das Dickicht in der Nähe erkunden gehen und mich scheinbar vergessen.

»Wir sollten versuchen, mehr Schnee wegzubekommen, sonst schmilzt er und macht alles ganz nass«, sage ich, als Justin neben dem Feuer erscheint. Ich kicke den Schnee mit meinen Mukluks weg, und Justin findet endlich einen sinnvollen Gebrauch für sein Mathebuch.

»Eine super Schneeschaufel«, grinst er. Ich bin froh, dass Justin hier ist, obwohl er derjenige ist, der uns in die Bredouille gebracht hat. Justins Scherze lassen mich vergessen, wie ernst die Situation ist.

»Wir brauchen mehr Holz fürs Feuer und Fichtenzweige für unsere Notunterkunft. Massenhaft Zweige.«

Justin stapft in den Busch und bricht trockene Äste und grüne Zweige ab, bis wir einen riesigen Berg haben, aber dann weiß ich nicht, was wir damit machen sollen. Alles, was wir haben, ist die Wolldecke und ein Seil. Wir könnten die Decke als Zeltplane aufspannen oder uns in sie einwickeln.

Letztendlich entscheiden wir uns dafür, den Schlitten auf die Seite zu legen und als Windschutz zu benutzen; die Fichtenzweige werden unsere Isomatte. Happy glaubt, der ganze Aufwand wäre für sie gewesen; sie dreht sich im Kreis und arrangiert die Zweige mit ihren Pfoten, bis sie ein gemütliches Bett hat, auf das sie sich fallen lässt.

Acimosis pinkelt an den Schlitten und legt sich dann neben Happy. Cheerio macht sich sein eigenes Bett unter einer Tanne. Ich mache mir ein bisschen Sorgen, dass ich ihn morgen nicht einfangen kann, aber zumindest bleibt er in unserer Nähe.

Justin und ich setzen uns auf die Fichtenzweige, mit den Hunden zwischen uns. Um uns herum ist es jetzt stockdunkel. Das einzige Licht kommt vom Feuer. Mir ist kalt, ich bin müde und hungrig.

»Was war das?«, fragt Justin plötzlich und springt auf.

»Was denn?« Mein Herz fängt an, wie verrückt zu schlagen, während ich in die Dunkelheit hineinlausche.

»Hast du das nicht gehört? Hört sich an wie ein Knurren.« Wir lauschen beide.

»Da ist es wieder!« Justins Stimme ist voller Panik.

Ich muss lachen.

»Was?«, fragt Justin.

»Das war mein Magen«, kichere ich, aber eigentlich ist es nicht lustig. Wenn der Sturm über mehrere Tage hinweg anhält, dann werden sich unsere Mägen noch um einiges mehr beschweren. Wie auf Kommando grummelt mein Magen lang und ausführlich.

Justin boxt mich so hart, dass es wehtut. »Hör auf damit!«, sagt er.

»Das mach ich doch nicht extra«, verteidige ich mich. »Ich habe Hunger!«

»Ich auch«, gibt Justin zu, und dann fummelt er in seiner Hosentasche herum und reicht mir ein halbes Kaugummi. »Mir ist kalt«, sagt er nach einer Weile.

Ich schüttle den Schnee aus der Decke, und dann schiebe ich Happy zur einen Seite und Acimosis zur anderen, bis Justin und ich genug Platz haben, um zwischen den Hunden zu sitzen. Ich wickele die Decke um uns, und dann sitzen wir da und starren in die Flammen.

»Wäre schon okay, wenn wir wenigstens ein paar Würstchen zum Rösten hätten«, sagt Justin.

»Oder frischen Fisch«, schlage ich vor.

»Oder Hähnchenschenkel mit Pommes.«

Wir kichern beide.

»Oder den Eintopf von gestern von Mom«, füge ich hinzu. Und dann sagen wir nichts mehr.

»Glaubst du, sie suchen nach uns?« Ich versuche Justin anzusehen, ohne dass er das mitkriegt, was nicht so einfach ist, wenn man in die gleiche Decke gehüllt ist.

»Bestimmt«, sagt er.

Keiner von uns traut sich, die nächste Frage laut auszusprechen: Werden sie uns finden?

Die Kohlen im Feuer glühen dunkelrot, und mir wird warm. Der Schnee schmilzt auf meinen Mukluks, und ich mache mir Sorgen, dass meine Socken nass werden. Wir schieben den Toboggan etwas weiter vom Feuer weg, damit wir nicht so nah bei den Flammen sind, aber dann werden die Flammen kleiner, und mein Rücken wird zu kalt. Wir legen die letzten Äste aufs Feuer, und dann spielen wir Schnick-Schnack-Schnuck. Der Verlierer muss mehr Feuerholz sammeln. Mist, das bin ich.

Ich stolpere durch die Dunkelheit und versuche mich daran zu erinnern, wo die tote Tanne stand. Als ich den Lichtkreis des Feuers hinter mir lasse, gewöhnen sich meine Augen schnell an die Dunkelheit, und es ist gar nicht so dunkel, wie ich dachte. Ich sehe nach oben in den Himmel, und das Mondlicht scheint durch die Wolken. Der Mond selbst ist verschleiert, aber trotzdem bin ich hoffnungsvoll. Vielleicht wird der Sturm bald nachlassen?

Ich finde die Tanne und knicke die Zweige ab, die ich erreichen kann. Sie brechen mit einem lauten Knacken, und ich erschrecke mich jedes Mal. Ich halte inne und lausche in die Stille. Das Feuer knistert, ein beruhigendes Geräusch. Aber dann höre ich einen klagenden Laut. So, als ob etwas stöhnt. Etwas, das nicht menschlich ist.

Ich bewege mich nicht und halte den Atem an. Ich will nicht, dass das, was auch immer es ist, weiß, wo ich bin. Jetzt quietscht es wie die rostige Schaukel auf dem Schulhof. Mir läuft kalter Schweiß den Nacken herunter.

Hinter mir bewegt sich was, und dann sehe ich, wo das Geräusch herkommt: Es sind zwei Bäume, die im Wind aneinanderreiben. Ich sollte erleichtert sein, aber der Schreck sitzt mir noch in den Gliedern, und ich glaube nicht so recht, dass es wirklich nur die Bäume sind. Klar ist das die logische Erklärung, aber was, wenn mein Gehirn mich austrickst und mich nur nach einer logischen Erklärung suchen lässt … Dann höre ich plötzlich einen Ast knacken. Mein Herz schlägt auf einmal dreimal so schnell wie sonst, ich lasse das Feuerholz fallen und renne, so schnell ich kann, zurück zu unserem Lager.

»Wie? Kein Holz gefunden?« Justin hat es sich unter dem Toboggan bequem gemacht mit Acimosis als Kopfkissen und Happy als Fußwärmer. Er sieht beinahe entspannt aus. Ich lausche in die Dunkelheit, und jetzt bin ich mir ganz sicher, dass es doch nur Bäume sind, die aneinanderreiben.

»Bin nur gekommen, um die Axt zu holen«, sage ich schnell. »Ich will versuchen, dickere Äste zu hacken.«

»Brauchst du Hilfe?«, fragt Justin und gähnt gleichzeitig.

»Ja gern«, rufe ich erleichtert, aber dann ist es mir peinlich. Ich schaffe das alleine. »Ah, nee, lass mal. Wir haben sowieso nur eine Axt.« Ich stapfe auf dem gleichen Pfad zurück und hacke einen riesigen Ast ab, den ich zum Feuer ziehe. Die Flammen erhellen einen toten Baum direkt hinter dem Schlitten, und den fälle ich auch noch.

Ich arbeite wie verrückt, weil ich dann wenigstens nicht nachdenken muss – oder zumindest nur an das, was ich gerade tue. Ich muss mich darauf konzentrieren, den Baum, den ich fällen will, mit meiner Axt immer an derselben Stelle zu treffen, wieder und wieder, bis ich ihn umtreten kann.

Als wir einen beeindruckenden Stapel Feuerholz haben, ist mir so heiß, dass ich mich vom Feuer abgewandt zu Justins Füßen setze. Ich lehne mich gegen den Schlitten, und Happy schlängelt sich zu mir, bis ihr Kopf auf meinem Schoß ruht. Ich spiele mit ihren Ohren und lasse ihr weiches Fell durch meine Finger gleiten, bis mir zu kalt wird und ich meine Biberhandschuhe wieder anziehe. Sie sind so warm und gemütlich, dass sich meine Hände wie unter einer warmen Bettdecke anfühlen.

Ich bin wieder der kleine Junge. Im Toboggan. Es ist kalt. So kalt, dass ich tief in den Schlittensack hineinkrieche. Ich wickle mich und den kleinen Welpen in die Wolldecke, aber mir ist immer noch kalt. Eisig kalt. Und ich bin müde. So müde, so kalt. Ich will schlafen, nur noch schlafen. Meine Augen fallen zu, aber der Welpe lässt mich nicht schlafen. Er leckt mein Gesicht und winselt leise.

Das Feuer ist niedergebrannt, nur noch die Kohlen glühen in der Dunkelheit. Happy leckt mein Gesicht, und ich schiebe sie davon. Ich zittere vor Kälte und lege Feuerholz nach. Justin guckt unter der Decke raus und sieht mir zu.

»Hast du geschlafen?«, frage ich.

»Ich glaub nicht. Zu kalt. Und du?«

»Ich hatte diesen seltsamen Traum. Ist komisch, weil er sich so wirklich anfühlt, aber er ergibt keinen Sinn. Es ist immer der gleiche Traum, nur jedes Mal ein bisschen anders, so als ob er fortgesetzt würde. Weißt du, was ich meine?«

»Ne, nicht wirklich. Worum geht es denn in deinem Traum?«

»Ich bin so um die drei Jahre alt, glaube ich. Und ich bin in einem Toboggan. Da ist auch ein kleiner Hund im Schlitten. Es ist warm und gemütlich, aber dann geht irgendwas schief. Ich weiß nicht, was. Das Einzige, woran ich mich erinnern kann, ist diese Stimme, die mich ruft. Sie ist voller Panik, und sie befiehlt mir, aus dem Schlitten zu springen, aber die Hunde laufen so schnell, und ich hab Angst. Und dann wird mir kalt. Gefährlich kalt.«

»Und dann?«

»Das ist alles. Zumindest bis jetzt. Komisch, oder?«

»Ich weiß nicht. Sind nicht alle Träume komisch?«

»Hast du solche Träume?«

»Nicht mit Hunden und so. Aber ich hatte einen, der immer wieder gekommen ist. Das war allerdings der gleiche Traum, wieder und wieder.«

Justin schweigt. Ich bin mir nicht sicher, ob er weiterreden wird, aber ich will nicht, dass unser Gespräch einfach so verebbt, also frage ich ihn, worum es in seinem Traum geht. Justin und ich reden normalerweise nicht über Träume und Gefühle und so. Am ehesten noch damals während des Hockeyspiels, als ich die Sternschnuppe gesehen habe. Vielleicht hat es was mit der Dunkelheit zu tun, die die Welt um uns herum verschwinden lässt.

»Ich bin auch noch ein kleiner Junge in meinem Traum«, sagt Justin schließlich. »Aber älter als drei, glaube ich. Ja, denn in meinem Traum habe ich schon das Taschenmesser, das mein Vater mir zum Geburtstag geschenkt hat. Da war ich fünf. Ich habe es total geliebt. Habe es überall mit mir rumgetragen.«

Ich werfe einen verstohlenen Blick zu Justin hinüber. Das Licht der Flammen tanzt über sein Gesicht. Er hat sich in die Decke gekuschelt, die Knie bis zum Kinn hochgezogen, weil ihm wohl kalt ist, aber irgendwie sieht er ein bisschen wie der kleine Junge aus, von dem er erzählt, und das, obwohl er schon viel mehr Haare über der Oberlippe hat als ich.

Justin seufzt kaum hörbar, und dann fährt er mit seiner Geschichte fort. Seine Stimme ist so leise, dass ich sie kaum über das Knistern des Feuers hören kann.

»In meinem Traum, da verstecke ich mich hinter unserem Holzschuppen, und ich warte darauf, dass jemand um die Ecke kommt. Ich habe mein Messer in der Hand, und ich halte es ganz fest, weil ich weiß, dass ich es benutzen werde. Und dann ruft mich meine Mutter, und ich stecke das Messer weg und laufe in ihre Arme.«

Ich fühle ein Kribbeln im Nacken, als ob mir die Haare zu Berge stehen, und ich weiß nicht, was ich sagen soll.

»Hast du den Traum immer noch?«, frage ich schließlich.

»Nein. Er hat aufgehört ungefähr zu der Zeit, als mein Onkel Gord ausgezogen ist. Ich weiß noch, dass sie sich gestritten haben. Ich war draußen, konnte aber hören, wie Geschirr gegen die Wand geknallt ist, und dann kam mein Onkel raus, und meine Mutter hat hinter ihm hergeschrien, dass er sich niemals wieder in ihrem Haus blicken lassen soll. Hat er auch nicht.«

Justin stochert mit einem Zweig im Feuer herum. »Aber ich habe diesen anderen Traum, und den habe ich immer noch. Ich renne so schnell, wie ich kann, aber irgendwie komme ich nicht vorwärts. Ich renne schneller, aber mit jedem Schritt lande ich auf der gleichen Stelle. Da ist ein Wolf hinter mir, und er kommt immer näher. Ich drehe mich um, und das Letzte, was ich sehe, ist sein Maul und die riesigen Zähne. Dann ist es plötzlich dunkel, und ich rieche fauligen Atem oder als ob etwas am Verwesen wäre, und dann kriege ich keine Luft und wache schreiend auf.«

Justin sieht mich zum ersten Mal an, seitdem er angefangen hat zu reden. Er muss wohl die Angst in meinem Gesicht sehen.

»Nicht gerade die Art von Geschichte, die du in einer dunklen Nacht wie dieser hören willst, was?«, er grinst mich an.

Ich grinse zurück: »Wenigstens hat der Wolf dich gefressen und nicht mich. Au!«

Ein Stock trifft mich am Kopf. Das habe ich wohl verdient. Ich weiß, das hätte ich nicht sagen sollen, aber ich habe keine Ahnung, was ich stattdessen hätte sagen sollen oder was ich von seinen Träumen halten soll. Also ist es einfacher, einen Witz zu machen.

»Ich habe das Messer immer noch«, sagt Justin und fischt in seiner Hosentasche. Er wirft es mir zu. Es ist nichts weiter als ein Schlüsselanhänger mit dem Werbelogo der Stromfirma auf dem winzigen Messer. Wir wissen beide, dass es völlig nutzlos ist, aber darum geht es nicht.

»Lass uns versuchen zu schlafen, sodass wir hier wegkönnen, sobald es hell wird. Es schneit nicht mehr, und wenn wir wenigstens ungefähr die richtige Richtung einschlagen, findet uns bestimmt jemand.«

»Es ist zu kalt zum Schlafen«, sagt Justin.

»Lass uns runter zum See und zurück rennen, bis uns warm wird, und dann kriechen wir unter die Decke«, schlage ich vor.

Wir rennen in die Nacht hinaus und stoßen uns gegenseitig um. Acimosis und Happy rennen um uns herum und bellen wie verrückt. Selbst Cheerio jagt um uns herum, wenn auch mit etwas Abstand. Wir kichern wie kleine Jungen, und wäre unsere Lage nicht so ernst, hätten wir einen Riesenspaß.

»Wird alles wieder gut«, sage ich und meine nicht nur, dass wir die Nacht überleben.

»Ich weiß«, antwortet Justin, und dann kriechen wir unter die Decke und liegen eng aneinandergedrückt. Ich schließe die Augen, aber der Schlaf will nicht kommen.

»Jeremy«, flüstert Justin. »Bist du noch wach?«

»Ja«, flüstere ich zurück.

»Da ist noch was. Die Hunde … am Dog-Shooting-Tag …«

Ich weiß, was er sagen will. Und auch wenn ich es nicht wahrhaben wollte, habe ich es die ganze Zeit über schon gewusst.

208

»Ist schon okay«, sage ich. »Ich mein, es war damals nicht okay, was du gemacht hast, aber jetzt, wo alle Hunde noch am Leben sind und du Lightning gerettet hast …«

»Tut mir echt leid. Wirklich. Ich weiß auch nicht, warum … Vielleicht wollte ich einfach nicht, dass du so viel Zeit mit den Hunden verbringst, aber dann habe ich dein Gesicht gesehen, wie traurig und voller Sorge du warst. Und dann habe ich Lightning gesucht und ihn gefunden, und mir wurde auf einmal klar, was ich getan hatte, und dann … dann konnte ich einfach nicht aufhören, an Lightning zu denken. Und dann hat Lightning mir in die Augen geguckt, als ob er alles verstehen würde. Sogar die Sachen, die ich selbst nicht verstehe.«

»Er mag dich«, sage ich.

»Danke.«

Ich muss wohl doch eingeschlafen sein, denn als ich die Augen öffne, ist das Feuer niedergebrannt, und ich friere. Happy winselt leise, und Acimosis starrt hinunter zum See. Seine Ohren sind leicht nach vorne gelegt, und er sieht angespannt aus. Und dann höre ich es plötzlich. Ein lang gezogenes, klagendes Heulen.

»Justin! Wach auf!« Ich trete ihn mit meinem Mukluk und setze mich auf.

»Was ist los?« Er ist sofort hellwach, als ob er nicht geschlafen hätte.

»Wölfe«, flüstere ich. Wir lauschen beide in die Stille, und dann höre ich es wieder. Die Hunde haben es auch gehört. Alle drei starren in die Dunkelheit, und dann heulen sie zurück.

»Shh … Seid still! Ihr lockt sie noch an!«, flüstere ich, und die Hunde heulen noch lauter. Jedes Mal, wenn sie aufhören, heulen die Wölfe zurück. Jedes Mal hört es sich ein bisschen näher an, oder bilde ich mir das nur ein?

Plötzlich bellt Happy, und Cheerio läuft in die Richtung, aus der das Wolfsgeheul kommt.

»Cheerio! Nein!« Cheerio zögert. »Halt Happy und Acimosis, Justin!«

Ich krieche vorsichtig auf Cheerio zu. »Komm hier her! Ja, mein guter Hund, keine Angst.« Ich rede ruhig auf ihn ein, aber er weicht vor mir zurück. *Du musst glauben, dass er kommt*, rede ich mir ein.

»Komm zu mir. Das ist das Beste für dich, glaub mir«, versuche ich es noch einmal, und tatsächlich kommt er. Ich greife nach seinem Halsband und führe ihn zu unserem Lager zurück.

»Wir müssen das Feuer größer machen und … wo ist die Axt?« Ich stolpere um das Feuer herum, während ich Cheerio mit einer Hand halte und mit der anderen hastig alle Zweige und Äste ins Feuer werfe, die wir noch haben. Es dauert einen Moment, aber dann lodern die Zweige in Flammen auf und erhellen unser Lager. Ich fühle mich ein bisschen sicherer, doch hinter dem Lichtkreis lauert noch immer Dunkelheit mit all den bekannten und unbekannten Gefahren.

Ich halte die Axt umklammert und lausche in die Dunkelheit. Ich höre das Heulen noch einmal, aber dann ist es still.

»Ich glaube, es war nur einer«, sage ich. »Vielleicht ist er einfach weitergezogen.«

Ich schaffe es noch nicht mal, mich selbst zu überzeugen. Plötzlich geht alles ganz schnell. Ich höre Zweige hinter uns knacken, dann sehe ich Augen in der Dunkelheit leuchten, ganz nah. Der Wolf rennt auf mich zu, ich lasse Cheerio los und schwinge die Axt. Dann schreit Justin auf und greift nach der Axt, bevor ich zuschlagen kann.

»Das ist kein Wolf! Das ist kein Wolf!«, schreit er. Es scheint Ewigkeiten zu dauern, bis mein Gehirn das »kein« vor dem Wolf registriert, obwohl es in Wirklichkeit nur Sekunden gewesen sein können. Und dann springt Lightning mich an, und die Hunde rennen wie wild durcheinander und begrüßen Lightning mit Nasenlecken, als ob auch sie erleichtert wären, dass es Lightning ist und kein Wolf.

»Wie hast du uns gefunden?«, frage ich Lightning. Er antwortet mit Schwanzwedeln.

»Ja, ich habe dich auch vermisst«, sage ich und kraule ihn hinter den Ohren. »Er muss sich losgemacht haben und unserer Spur gefolgt sein! Vielleicht findet er auch den Weg zurück?« Ich gucke Justin an und sehe gleich, dass er genauso aufgeregt ist wie ich.

»Lass es uns versuchen«, sagt Justin und stellt den Toboggan aufrecht hin. Lightning rennt zurück zum See.

»Hey, warte!«, rufe ich. Lightning hält an und guckt uns erwartungsvoll an. Ich schnappe mir Happys Geschirr und rufe sie. Ich will ihr gerade das Geschirr anlegen, als Lightning mich mit seiner Schnauze anstupst.

»Das ist Happys Geschirr. Du kannst vorneweg laufen und uns den Weg zeigen, ja?« Als ob er verstanden hat, was ich gesagt habe, läuft er wieder Richtung See. Er hält an der gleichen Stelle an und bellt. Dann rennt er zu Justin und kratzt mit seiner Pfote an Justins Jeans. Er bellt wieder und läuft dann wieder Richtung See.

»Ich glaube, er will uns was zeigen«, sagt Justin.

»Ich hoffe, den Weg nach Hause«, antworte ich und spanne die Hunde an.

Es dauert nicht lange, und wir gleiten auf unserer alten Spur hinunter zum See. Der Himmel ist wolkenlos, und der Mond bringt den frischen Schnee zum Glitzern. Die Hunde rennen schnell, so wie sie es sonst immer tun, wenn wir den Hof verlassen. Lightning läuft vorneweg, und die Hunde ziehen angestrengt, um mit ihm mitzuhalten. Aber wir kommen nicht weit. Die Hunde halten abrupt an, und im Mondlicht kann ich sehen, wie Lightning neben einer dunklen Gestalt im Schnee sitzt.

»Jack!«, schreie ich. Es ist das erste Mal, dass ich ihn beim Namen nenne, aber ich habe keine Zeit, darüber nachzudenken. Ich knie mich neben den alten Mann. Seine Beine sind merkwürdig verbogen, von den Schneeschuhen, die er anhat. Ich löse die Bindung und ziehe ihm die hölzernen Schneeschuhe aus. Dann weiß ich nicht weiter. Ich habe Angst, ihn zu berühren, weiß aber, dass mir keine Wahl bleibt.

»Wach auf!«, rufe ich verzweifelt und schüttele seine Schultern.

Er macht seine Augen auf. Ein Lächeln huscht über sein Gesicht, als er mich sieht. Er streckt seine Hand aus und berührt meine Wange, als ob er sich vergewissern müsse, dass ich tatsächlich da bin. Eine einzelne Träne kullert ihm über die Wange.

»Jacob«, sagt er. Seine Stimme klingt rasselnd. »Da bist du ja. Alles ist gut.« Und dann schließt er seine Augen.

»Nein!«, schreie ich.

Der Alte greift nach meiner Hand und drückt sie, sagt aber

nichts mehr. Selbst im Mondlicht kann ich sehen, dass seine Lippen blau sind.

»Justin! Tu doch was!«

Justin kniet sich neben mich.

»Er ist am Erfrieren!«, rufe ich voller Panik.

»Glaube ich nicht – er hat seine Jacke und seine Handschuhe ausgezogen.«

»Aber genau das passiert doch, wenn man dem Kältetod nahe ist. Auf einmal wird einem ganz warm, oder nicht?«

»Ich weiß nicht. Vielleicht war ihm ja nur warm vom Laufen.«

Ich berühre seine eiskalte Wange. »Er fühlt sich nicht warm an. Wir müssen ihn zum Feuer bringen.«

»Lass uns lieber Hilfe holen«, meint Justin.

Wie denn?, frage ich mich. Ich hebe die Schneeschuhe des Alten auf und überlege, sie mir anzuschnallen. Da sehe ich seine Jacke, lass die Schneeschuhe fallen, hole die Jacke, klopfe den Schnee ab, und dann weiß ich nicht weiter.

»Jeremy! Was machst du denn?«

»Ich …« Ich weiß selbst nicht, was ich mache. Genau das ist ja das Problem. Sollen wir den Alten zum Feuer bringen oder nach Hause? Egal, wie wir uns entscheiden: Als Erstes müssen wir ihn in den Schlitten kriegen.

»Hilf mir«, sage ich und fasse den Alten unter den Schultern.

Justin hebt ihn bei den Füßen an, und zusammen legen wir ihn vorsichtig in den Schlitten.

»Jacob«, murmelt der Alte wieder. Ich ziehe ihm die Jacke wieder an und lege die Decke über ihn. Ich rubbele seine Arme und seinen Oberkörper so schnell, wie ich kann, in der Hoffnung, dass es ihm hilft, warm zu werden.

»Zurück zum Feuer oder nach Hause?«, frage ich.

»Nach Hause!«, ruft Justin, und wie zur Bestätigung bellt Lightning vor uns auf der Spur, die der Alte mit den Schneeschuhen getrampelt hat.

»Na, dann los!«, rufe ich, aber ich habe Angst, dass es ein Fehler ist. Es ist zu kalt im Schlitten, und wir haben keine Ahnung, wie lange es dauert, bis wir nach Hause finden. Wir sollten beim Feuer bleiben, das hat er mir immer und immer wieder eingehämmert. Andererseits bin ich froh, dass wir in Bewegung sind. Ich will nach Hause, am liebsten schon zu Hause sein. Ich könnte es nicht ertragen, mit dem Alten beim Feuer zu sitzen, nichts zu tun und nicht zu wissen, ob er überleben wird oder nicht, und einfach darauf zu warten, bis uns jemand findet. Falls uns überhaupt jemand sucht.

Die Schneeschuhspur das Alten macht einen guten Trail, dem die Hunde folgen können, aber trotzdem kommen wir nur langsam voran. Justin und ich rennen neben dem Schlitten her und machen abwechselnd kurze Pausen, in denen wir hinten auf dem Schlitten mitfahren. Wir finden die Handschuhe und die Pelzmütze am Trail entlang verstreut und ziehen sie dem Alten an wie einem kleinen Kind. Er scheint immer wieder das Bewusstsein zu verlieren. Wenn er wach ist, redet er auf Cree sanft mit Jacob.

»Wer ist Jacob?«, will Justin wissen, als er auf dem Schlitten verschnauft.

»Mein Vater«, keuche ich nach Luft schnappend. »Sein Name war Jacob«, füge ich hinzu, als ich dran bin, auf dem Schlitten zu stehen.

Uns wird warm, und wir häufen unsere eigenen Jacken auf

den Alten. Ich lege meine Jacke vorsichtig über sein Gesicht, sodass sein eigener Atem ihn aufwärmen kann. Ab und zu hebe ich sie leicht an, um sicherzugehen, dass er noch atmet.

Es kommt mir so vor, als ob wir gar nicht vorwärtskommen. Das Ufer vor uns scheint nicht näher zu kommen, und wenn ich zurückgucke, sehe ich immer noch die Silhouette der Insel und ein schwaches, orangenes Licht von unserem Feuer.

Der Toboggan folgt der Schneeschuhspur nicht richtig, und jedes Mal, wenn der Trail eine leichte Kurve macht, endet der Schlitten im Tiefschnee, und wir müssen ziehen und zerren, bis der Schlitten wieder auf der Spur ist. Wie haben sie das früher nur gemacht?

Die Hunde laufen immer langsamer, und um die ganze Sache noch schlimmer zu machen, müssen Justin und ich immer länger aufeinander warten, weil wir zu sehr außer Atem sind, um noch zu rennen. Wir versuchen, beide auf dem Schlitten zu stehen, aber die Hunde halten einfach an, sobald sie das extra Gewicht spüren.

Wir laufen weiter, bis wir uns übergeben müssen. Je länger wir unterwegs sind, desto mehr ist die Spur verweht, bis nur noch Lightning, der vor dem Team herläuft, zu wissen scheint, wo es langgeht. Und dann hält auch er an. Ich bleibe stehen. Da ist was neben Lightning – ein Rucksack! Der Alte muss ihn hier abgeworfen haben. Wir durchwühlen seinen Inhalt und finden eine Thermoskanne, Dörrfleisch und Bannock! Wir stürzen uns auf das Essen wie hungrige Eichhörnchen. Ich gieße dem Alten Tee ein, und er trinkt vorsichtig ein paar Schlucke, aber dann schüttelt er den Kopf.

»Heißer Tee macht zu kalt.«

Ich weiß nicht, was er damit meint, aber ich schmeiße eine Handvoll Schnee in den Tee, und er trinkt zwei weitere Schlucke.

Justin und ich trinken gierig den Rest, und dann kramen wir im Rucksack rum, um zu sehen, ob wir noch was anderes Brauchbares finden. Ein Beil, Toilettenpapier, eine Kerze, Streichhölzer – und Lightnings Geschirr!

Jetzt, wo Lightning mitzieht, kann einer von uns auf dem Schlitten stehen. Ich stelle mich mit einem Fuß auf den Schlitten, und mit dem anderen stoße ich mich ab, so als ob ich auf einem Tretroller stehe. Als ich mich umdrehe, kann ich Justin kaum noch sehen, so weit ist er zurückgefallen. Ich warte, bis er uns wieder einholt. Die Hunde ziehen ungeduldig an ihren Leinen. Justin bleibt neben mir stehen und stützt seinen Oberkörper mit den Händen auf den Knien ab. Er hechelt wie ein Hund.

»Ich kann nicht mehr«, keucht er und wischt sich den Schweiß von der Stirn.

»Dann nimm du den Schlitten.«

»Nein. Fahr ruhig weiter. Lass mir das letzte Stück Bannock hier und verschwinde. Ich komm nach. Siehst du das rote Leuchten? Das müssen die Lichter von Poplar Point sein, denkst du nicht? Wir können's jetzt nicht mehr verfehlen. Außerdem kann ich ja einfach deinen Spuren folgen.«

»Okay«, willige ich ein. Ich fühle mich nicht gut dabei, Justin zurückzulassen, aber ich habe nicht wirklich eine Wahl. Ich habe keine Ahnung, wie viel Zeit wir haben, bevor der Alte … Ich will meinen Satz lieber nicht zu Ende denken. Wir sind einfach zu langsam, wenn einer von uns hinterherrennt.

»Vergiss bloß nicht, jemanden mit einem Schneemobil zu schicken, um mich abzuholen!«, ruft Justin mir hinterher. »Und sag denen, die sollen mir ein paar Bier und Zigaretten mitbringen, wenn du schon mal dabei bist!«

Ich winke ihm zu und grinse. Er ist immer noch der alte, unverbesserliche Justin. Aber irgendwie auch anders. Auf eine gute Art.

KAPITEL 24

Die Hunde laufen langsam, aber stetig den Lichtern von Poplar Point entgegen, so als ob sie noch für Stunden so weiterlaufen könnten. Die Dunkelheit der Nacht verfliegt, aber das Tageslicht traut sich auch noch nicht hervor. Ich kann mich nicht erinnern, ob ich jemals in diesem seltsamen Zwielicht draußen war. Bestimmt. Aber mir ist es noch nie aufgefallen – ich meine die Stille. Sie fühlt sich unwirklich an, als ob ich in eine andere Welt getaucht wäre.

Weder die Hunde noch ich haben einen Schatten – als würden wir nicht wirklich existieren. Alles ist irgendwie unscharf, als ob die Welt noch schlafen würde, ich kneife mich selbst, um sicherzugehen, dass ich nicht derjenige bin, der in einem Traum – oder Albtraum – gefangen ist.

Plötzlich wird die Stille von einem Surren in meinem Kopf unterbrochen. Ich kann mir keinen Reim darauf machen, bis ich grelle Scheinwerfer sehe. Schneemobile!

»Hey, hier! Hier bin ich!« Ich wedele mit meinen Armen wie verrückt durch die Luft, und die Lichter kommen jetzt direkt auf mich zu. Keine Minute später halten zwei Schneemobile neben mir.

»Alles in Ordnung?«, ruft jemand über das Motorengeräusch.

Ich nicke. Die Stimme kommt mir bekannt vor, aber ich bin zu müde, als dass ich sie erkennen könnte. Ich fühle Tränen in mir hochsteigen, doch verstehe nicht, warum. Ich weiß, dass ich jetzt in Sicherheit bin, aber aus irgendeinem Grund will ich plötzlich nicht nach Poplar Point.

»Justin ist noch da draußen«, sage ich und zeige hinter mich. Die beiden Fahrer reden kurz miteinander, und der eine folgt meiner Spur auf den See hinaus.

»Können deine Hunde mir folgen?«, fragt der andere. »Du bist fast da. Siehst du das Feuer da drüben?«

Ich nicke. Fast bin ich erleichtert, als ich die Rücklichter des Schneemobils verschwinden sehe. Ich renne zu Lightning und umarme ihn fest.

»Danke, Lightning, danke.« Und dann denke ich, hätte ich mich nicht schon für Lightning entschieden, würde ich ihn Storm Finder nennen. Ich streichele schnell alle Hunde, während ich zurück zum Schlitten gehe. Als Letztes lege ich meine Hand auf die Schulter des Alten.

»Wir sind zu Hause«, sage ich.

Der Alte antwortet nicht, aber er legt seine Hand über meine, und so kommen wir ans Ufer. Plötzlich sind Menschen überall um uns herum. Mom kommt hinunter zum See gelaufen und umarmt mich so fest, dass ich kaum noch Luft bekomme. Über ihre Schulter hinweg sehe ich, wie Onkel Charlie und ein Mann, dessen Namen ich vergessen habe, den Alten in eine Decke wickeln und vorsichtig zu seiner Hütte tragen. Am Ufer prasselt ein riesiges Signalfeuer, und immer mehr Leute drängen sich um mich herum und wollen wissen, was passiert ist.

Und dann kommt das Schneemobil mit Justin, und die Menschenmenge läuft zu ihm. Wir nicken uns kurz zu, und Justin winkt, bevor er sich den Leuten widmet.

»Hat jemand vielleicht einen Schuss Whisky für mich? Heute könnte man ja wohl mal eine Ausnahme machen, oder?«

Gelächter, und dann versammeln sich alle ums Feuer, um Justins Geschichte zu hören.

Ich sehe Mom an. »Es tut mir so leid. Es war alles meine Schuld. Ich hätte niemals …«

»Shh …«, sagt Mom. »Wärm dich erst mal auf.«

Erst jetzt fällt mir auf, wie kalt mir ist. Meine Zähne klappern unkontrolliert, und meine Hände sind so steif, dass ich kaum den Schneeanker lösen kann.

»Die Hunde«, schlottere ich, »ich muss mich erst um die Hunde kümmern.«

Mom nickt, und ich fahre das Team in den Hof. Der Rauch vom Schornstein driftet zwischen die Hundehütten und taucht alles in einen unwirklichen Nebel, der in der frühen Morgensonne glitzert. Meine Hände tun vor Kälte so weh, dass ich das schwere Lederzuggeschirr nicht über die Köpfe der Hunde bekomme.

»Lass mich.«

Ich habe Justin nicht kommen hören, bin aber froh, dass er da ist.

»Die brauchen was zu fressen und Wasser und …«, erkläre ich Justin, aber er unterbricht mich. »Ich weiß. Mein Cousin hat Elchfleisch mit Gefrierbrand in der Gefriertruhe. Er ist schon los. Und die haben einen Teekessel über dem Feuer; jemand kann Wasser für die Hunde schmelzen. Geh einfach rein. Er will dich bestimmt in seiner Nähe haben.«

»Danke«, murmele ich hastig, bevor ich noch anfange zu weinen. Ich gehe Richtung Hütte, aber bevor ich die Tür erreiche, dreht mich jemand Richtung Straße.

221

»Wir gehen jetzt nach Hause. Das war das letzte Mal, dass du dich hier herumtreibst.«

»Aber Mom! Er hat uns gerettet! Wenn er nicht gewesen wäre, dann … dann wären wir immer noch dort draußen auf wer weiß welcher Insel!«

»Wenn er nicht gewesen wäre, wärst du gar nicht erst da draußen gewesen!«, entgegnet sie.

»Wenn *ich* nicht gewesen wäre, meinst du wohl«, verbessere ich sie. Und dann erzähle ich ihr alles; angefangen von der ersten Begegnung mit dem Alten, die mir ein bisschen unheimlich war, weil ich dachte, dass er mich mit jemandem verwechselt hat, und wie er mich nicht mit den Hunden rauslassen wollte, bis er sicher war, dass ich auf mich aufpassen könnte, dort draußen im Busch; dass ich es war, der das Versprechen gebrochen und zu weit rausgefahren ist; wie Lightning uns gefunden hat …

… und dann kann ich nicht weiterreden, weil mich die Erinnerung daran, wie wir den Alten auf dem gefrorenen See gefunden haben, plötzlich überwältigt und ich noch nicht mal weiß, ob es dem Alten wieder besser gehen wird …

… ich muss mir fest auf die Lippe beißen, damit ich nicht wieder zu weinen anfange; und dann kommen Mom auch noch die Tränen, und sie steuert mich sanft Richtung Hütte.

Die Wärme schlägt mir wie eine Wand entgegen. Ich strauchele, und Mom fängt mich auf. Zwei Männer stehen vom Küchentisch auf und verlassen mit einem Kopfnicken das Haus, als meine Mutter und ich die Hütte betreten.

Eine ältere Frau nimmt zwei große Steine vom Ofen und wickelt sie in Handtücher. Sie trägt sie zum Bett und legt sie unter die Decken des Alten. Sie redet kurz mit meiner Mutter, bevor auch sie uns verlässt. Mom führt mich zu einem der Hocker am Küchentisch, aber ich bin mir nicht sicher, ob ich das Gleichgewicht halten kann. Ich setze mich auf den Boden und lehne mich gegen die Hüttenwand nahe beim Ofen. Irgendwer hat einen Stapel Decken gebracht, und Mom macht mir ein Bett auf dem Boden.

»Zieh deine nassen Sachen aus«, sagt sie.

Das Letzte, was ich sehe, bevor mir die Augen zufallen, ist meine Gore-Tex-Schneehose, die neben der Wollhose des Alten auftaut und langsam zu tropfen beginnt.

KAPITEL 25

Grelles Sonnenlicht kitzelt meine Nase, als ich aufwache. Es dauert ein paar Sekunden, bevor mir klar wird, wo ich bin. Mom sitzt auf dem Boden neben dem Bett des Alten, ihr Kopf ruht auf seiner Brust. Sie schläft, und der Alte fährt ihr ganz vorsichtig über das Haar, als ob er einen Vogel mit gebrochenem Flügel streicheln würde. Er sieht ungewöhnlich friedlich aus, so als ob die Dinge genau so sind, wie sie sein sollten.

Mein Hüftknochen tut mir weh. Ich habe mich wohl nicht ein Mal umgedreht, so tief muss ich geschlafen haben. Als der Alte sieht, dass ich wach bin, weitet sich sein Lächeln, und er winkt mich zu sich.

Ich schleiche mich auf Zehenspitzen zu seinem Bett und nehme seine Hand. Mom wacht auf, und es ist, als ob plötzlich ein Schatten auf das Gesicht des Alten fallen würde. Er sieht wieder so aus, wie er immer aussieht – wie jemand, dessen Glück vor langer Zeit gestohlen worden ist.

»Jeremy«, murmelt meine Mutter schlaftrunken. Sie setzt sich hastig auf und zerzaust meine Haare, so wie sie es schon immer macht, seit ich klein war. Ich habe ihr schon tausendmal gesagt, dass ich dafür zu alt bin, aber heute macht es mir nichts aus. Ich lächele. Sie drückt meine Hand, und dann berührt sie zögerlich die Hand des Alten.

»Es tut mir leid, Jack«, sagt sie leise und fährt sich mit dem Handrücken über die Augen. »Ich … ich wollte ihn nicht auch noch verlieren. Ich dachte, wenn ich ihn nur von dir fernhalten könnte, dann würde er nicht … Ich …«

»Marie«, sagt der Alte und greift nach der Hand meiner Mutter. Er drückt sie sanft, und dann fließen die Tränen über Moms Gesicht. Ganz still, so wie das Wasser im Frühling, wenn sich auf einmal die Straßengräben mit Pfützen füllen und man nicht weiß, wo all das Wasser herkommt.

»Ich vermisse ihn jeden Tag«, sagt Mom. »Ich weiß, es ergibt keinen Sinn, aber ich habe ihm nie vergeben, dass er uns verlassen hat. Ich … ich weiß, dass es ein Unfall war, aber es war so verdammt unfair. Jeremy war noch so klein, und ich war immer allein zu Hause, weil er immer unterwegs war. Mit den Hunden. Fischen. Felle enthäuten. Im Busch. Immer im Busch. Ich … ich habe dir die Schuld gegeben, weil er immer gesagt hat: ›Vater wird alt. Ich helfe ihm besser.‹ Aber um ganz ehrlich zu sein, wusste ich, dass das nicht der Grund war. Er liebte den Busch. Wie du. Wie …«

»Wie Jeremy«, beendet der Alte den Satz.

Und auf einmal wird mir alles klar. Ich meine, es ist nicht schwer, sich zu denken, von wem sie sprechen, aber irgendwie fühle ich mich, als ob ich in einem Film wäre, wo du erst keine Ahnung hast, worum es geht, also kümmert es dich recht wenig. Dann aber zieht dich der Film in Bann, weil du anfängst, dich für die Hauptfiguren zu interessieren, und du willst unbedingt, dass es gut ausgeht. Ich habe allerdings noch nie einen Film gesehen, bei dem ich am Ende herausfinde, dass der Hauptdarsteller mein eigener Großvater ist.

»Mein Vater … es war kein Autounfall, oder?«

Mom guckt mich überrascht an. »Das dachtest du?«

Ich bin zu schockiert, um sauer auf sie zu sein, dass sie mir nie erzählt hat, was passiert ist. Plötzlich ergeben alle meine Träume einen Sinn.

»Er war mit den Hunden unterwegs, nicht wahr?«, frage ich, aber ich kenne die Antwort schon. »Und ich war auch da. Im Schlitten.«

Jetzt gucken sowohl meine Mutter als auch der Alte überrascht.

»Was ... was ist passiert?«, frage ich und halte mir gleichzeitig die Ohren zu, weil ich mir nicht sicher bin, ob ich es wirklich wissen will. Ob ich dazu bereit bin. Der Alte wirft Mom einen Blick zu, Mom nickt.

»Es war ein Tag wie gestern«, beginnt der Alte und sieht dann aus dem Fenster, als ob er die Geschichte, die er erzählen will, dort draußen suchen würde. Ich nehme die Hände von den Ohren.

»Das Fischernetz war schon seit zwei Tagen im Wasser, drüben bei Long Island. Dein Vater wollte nach dem Netz sehen. Wir sind immer zusammen gegangen. So viel einfacher zu zweit. Aber ich habe ihm gesagt, er soll warten.

›Da ist ein Sturm im Anmarsch‹, habe ich ihm gesagt.

›Dann lass uns beeilen‹, hat er gesagt. Es ist nicht gut, das Netz zu lange drinzulassen. Doch es ist auch nicht gut, in einen Sturm zu geraten. Wir haben uns gestritten. Letztendlich wollte er alleine los. Er hat dich in die Hütte gebracht und gesagt: ›Mach dich wenigstens nützlich und pass auf dein Enkelkind auf.‹

Aber ich war sauer und habe dich nach draußen gebracht. ›Geh nach Hause mit deinem Sohn und mach dir eine Tasse Tee. Wir fahren morgen‹, habe ich gesagt, aber er hat nicht auf mich gehört. Ich habe ihm vom Fenster aus zugesehen. Er hat die Hunde angespannt, während du mit dem Welpen gespielt hast. Als er dich in den Schlitten gesetzt hat, fingst du an zu weinen und hast deine Arme nach dem Welpen ausgestreckt. Er hat den Welpen zu dir in den Schlitten gesetzt, und dann war er fort.«

Tränen sammeln sich in den Augen des Alten.

»Die Hunde sind ohne ihn wiedergekommen. Ich weiß nicht, was passiert ist, warum er sein Team verloren hat, aber ich wusste, das konnte nichts Gutes heißen. Ich bin sofort los, habe nach ihm gesucht, aber der Sturm was so schlimm … ich konnte seine Spuren nicht finden. Wir haben zwei Tage gebraucht, bis wir ihn endlich gefunden haben. Es war zu spät. Er war im offenen Teil des Sees, weit weg vom Ufer und den Inseln. Da war so viel Neuschnee, und der hat das Eis runtergedrückt, sodass das Wasser hochkam. Er hatte nasse Füße und konnte nirgendwo hin, um ein Feuer zu machen. Er muss dem Schlitten hinterhergerannt sein, weil du dort warst. Im Schlitten und nicht bei mir.

›Pass auf dein Enkelkind auf‹, waren seine letzten Worte, aber ich habe nicht auf dich aufgepasst.«

Plötzlich vermisse ich meinen Vater und all die Dinge, die wir hätten zusammen machen können.

Und Mom. Mir war nicht klar, wie sehr sie ihn liebte und wie schwierig es sein muss, mich anzugucken und ihn in mir zu sehen, während sie gleichzeitig weiß, er wird nie mehr wiederkommen.

Und der Alte. Er durfte noch nicht mal sein eigenes Enkelkind sehen. Und dann werde ich sauer, weil ich einen Großvater habe, den ich nicht kannte, und einen Vater, der genau verstehen würde, was die Hunde mir bedeuten, und dann wird mir auf einmal ganz schlecht.

»Ich bin nicht aus dem Schlitten gesprungen. Ich ... ich kann mich erinnern. Er hat mir gesagt, ich soll springen, aber seine Stimme ... er hat sich so verzweifelt angehört, und dann habe ich Angst bekommen und ... und ... ich konnte nicht springen.«

»Jeremy!« Meine Mutter umarmt mich, und dann schaukelt sie mich vor und zurück, als ob ich wieder drei Jahre alt wäre. »Es war nicht deine Schuld. Niemand hatte Schuld. Es war ein Unfall, okay?«, sagt sie, aber es hört sich nicht wie eine Tatsache an, sondern wie ein Abkommen, dass wir drei machen müssen, sodass wir selbst dran glauben können und uns nicht gegenseitig beschuldigen – oder uns selbst.

»Okay?«, fragt Mom.

Ich schüttle meinen Kopf.

»Wie kann es okay sein?! Er ist tot. Es wird nie okay sein.« Ich renne zur Tür hinaus, aber dann weiß ich nicht wohin, und eine Sekunde später fängt Lightning an zu heulen. Es hört sich so traurig an, als ob er mit mir weinen würde. Ich mache die Hunde los und renne mit ihnen zum See.

»Jeremy!«, ruft meine Mutter hinter mir her.

Und dann die Stimme des Alten: »Marie, lass ihn.«

Ich drehe mich kurz um und sehe die beiden zusammen an der Tür stehen. Meine Mutter sieht so verloren aus, so winzig, dass sich meine Kehle zusammenschnürt, und ich renne wieder los.

Die Hunde umspringen mich freudig, als wir hinaus auf den See laufen. Der frische Schnee glitzert wie Millionen Sonnen in einem weißen Himmel, und ich fühle, wie der kalte Wind durch

229

meine Nase eindringt, und dann beginnen meine Gedanken zu schrumpfen, bis sie wieder klein genug sind, um in meinen Kopf zu passen.

Ich denke an meinen Vater und frage mich, ob er TwoDog gekannt hat. Und dann denke ich an all die Geschichten, die der Alte mir erzählt hat, von der Zeit, als er noch ein kleiner Junge war. Und ich denke, wie die Geschichten sich immer so weit entfernt angehört haben, und jetzt gar nicht mehr so, weil ich weiß, dass er mir noch mehr erzählen wird, über meinen Vater und vielleicht auch über mich, und dass alles miteinander verbunden ist; und ich vielleicht ja so bin, wie ich bin, wegen meines Vaters und wegen des Alten, der ja mein Großvater ist.

Und dann denke ich, wie froh ich bin, dass ich einen Großvater wie den Alten habe – mein moshōm –, und dass mein Vater einen Vater wie ihn hatte, und wie froh meine Mutter sein sollte, beide kennengelernt zu haben, obwohl sie es lange nicht so sehen konnte.

Und dann denke ich an Justin und die Hunde und an unser Lagerfeuer und wie viel Spaß wir haben könnten, wenn wir noch mal campen gehen, diesmal vielleicht mit einer Karte und mit Essen. Ich stelle mir vor, wie wir beim Feuer sitzen, und dann stelle ich mir vor, dass mein Vater mit mir da ist, und ich bin dankbar, dass ich einen Vater hatte, der mit mir campen gegangen wäre. Und dann bin ich total außer Atem vom Rennen und lasse mich in den Schnee fallen. Happy stürzt sich auf mich und leckt mein Gesicht.

KAPITEL 26

Ich muss wohl länger draußen gewesen sein, als ich dachte. Als ich zur Hütte zurückkomme, sitzen Mom und der Alte am Küchentisch und essen Hähnchen-Gemüsesuppe. Sie muss zwischendurch zu Hause gewesen sein, weil der Alte nämlich nie Gemüse im Haus hat – nur Kartoffeln, Fisch und Fleisch. Oder vielleicht hat jemand die Suppe vorbeigebracht. Sie riecht gut, aber ich habe keinen Hunger. Ich bleibe in der Tür stehen. Der Alte und Mom sehen mich an, aber keiner sagt was. Ich will mich zu ihnen setzen, damit sie sich besser fühlen, aber noch dringender will ich nach Hause. Allein.

»Es war ein Rabe«, sage ich letztendlich.

Mom zieht ihre Augenbrauen hoch.

»Die Hunde, die sind einem Raben hinterhergejagt. Deshalb sind sie abgehauen.«

Der Alte nickt.

»Er liebte den Busch«, sagt Mom. »Dort war er am glücklichsten. Er hat dich oft mitgenommen, hat dir Pfeil und Bogen geschnitzt und Steinschleudern zum Spielen gegeben. ›Mein kleiner Jäger‹ hat er dich genannt. Er …«

Aber ich will nicht mehr hören. Noch nicht.

»Ich sehe dich später zu Hause, ja?« Ich umarme sie flüchtig.

»Bis morgen, moshōm«, sage ich, und es fühlt sich richtig gut an. Wirklich. Nicht so wie die moshōms in der Schule, die nur hin und wieder mal auftauchen, um uns was beizubringen.

Mein Großvater wird immer da sein, wenn ich ihn brauche. Für mich und auch für meine Mutter. Ich weiß, es gibt noch vieles zu bereden, und ich freue mich schon darauf, auch wenn vieles bestimmt traurig ist.

Aber das kann warten. Alles, woran ich im Moment denken kann, ist, unter meine Decke zu kriechen und zu schlafen.

KAPITEL 27

Das rhythmische taps, taps, taps *der Hundepfoten lullt mich in den Schlaf. Der Welpe wimmert und leckt mir übers Gesicht. Immer wieder, wenn ich gerade am Einschlafen bin, weckt er mich. Mit jedem Mal wird es schwieriger, aufzuwachen. Ich bin so müde. Ich schubse den kleinen Hund fort und befreie mich von der kratzigen Decke. Mir wird wohlig warm. Der Welpe bellt in mein Ohr und trampelt auf meiner Brust herum. Ich höre das Quietschen einer Tür. Warme, kräftige Hände heben mich aus dem Schlitten – die Hände meines moshōms. Plötzlich ist es warm, so warm, dass meine Hände und Füße wehtun. Ich weine, bis der Schmerz verschwindet, und dann endlich schlafe ich ein. Ich bin in Sicherheit.*

Lautes Bellen weckt mich, und für einen kurzen Moment weiß ich nicht, wo ich bin. Aber dann sehe ich mein Regal mit den alten Superheldenfiguren. Die Tür geht auf, und Acimosis kommt in mein Zimmer gerannt, um mich zu begrüßen.

»Hey, wo kommst du denn her?« Ich rubbele sein Fell, wie er es so gerne mag. Dann gucke ich hoch. Mom steht in der Tür. Sie lächelt, als sie meinen fragenden Blick sieht.

»Du hast mich immer angebettelt, dass wir ihn mit nach Hause nehmen, aber ich wollte keinen Welpen im Haus. Jetzt, wo er kein Welpe mehr ist, dachte ich …«

»Danke! Danke! Danke!« Wie ein Blitz springe ich aus dem

Bett und werfe meine Arme um sie. »Können Lightning und Happy und …«

»Wag es bloß nicht, die Frage zu Ende zu bringen!«, sagt Mom und kitzelt mich. Wir lachen beide, und Acimosis springt Mom an und leckt ihr Gesicht. Und es macht ihr noch nicht mal was aus.

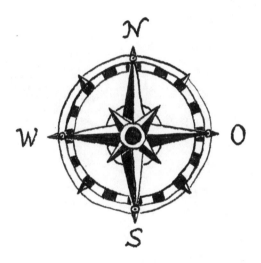

Trapline Hütte

Caribou Narrows

Lynx Lake

Fish Riv

Poplar Point

Zusammen stark!

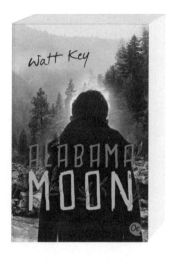

Watt Key
Alabama Moon
352 Seiten · Ab 10 Jahren
ISBN 978-3-8415-0557-6

Sein ganzes Leben hat Moon mit seinem Vater in den Wäldern Alabamas gehaust. Als sein Vater stirbt, macht Moon sich auf den Weg nach Alaska, um dort nach anderen zu suchen, die genauso leben wie er. Unterwegs trifft er Kit. Der Junge aus dem Heim wird Moons erster richtiger Freund. Gemeinsam schlagen sie sich durch die Wildnis, und ein großes Abenteuer beginnt.

Auch als eBook

Weitere Informationen unter:
www.oetinger-taschenbuch.de